멘탈의공식

멘탈의 공식

**잠들어 있던
최고의 자신을 끌어내는
7가지 마인드셋**

Stay Sane in an Insane World

그레그 하든 지음 | 허선영 옮김

반니

장호기 PD
〈피지컬: 100〉 연출

온몸의 핏줄이 산맥처럼 두텁게 일어선다. 비처럼 쏟아지는 땀이 터질듯한 근육을 감싸며 번뜩이는 빛을 반사한다. 보는 사람의 잇몸이 욱신거릴 정도로 온 힘을 다 쏟아내는 결승전의 두 사람. 이 둘은 100명 중 유일한 생존자가 되기 위해 서로를 밀어내고 있다. 단 0.1초라도 방심하면 패배하게 되는 팽팽한 상황.

승리는 누구의 것인가?

〈피지컬:100〉을 기획하고 제작하면서 가장 많이 들었던 질문이자, 스스로에게 숱하게 던졌던 질문이다. 이 경이로운 100명의 피지컬들 사이에서 승리하려면 어떻게 해야 할까? 자신보다 50kg 더 무거운 상대를 힘으로 짓누르며 승리를 차지한 작은 거인, 제대로 뛸 수나 있을까 싶었던 120kg 보디빌더의 고양이 같은 움직임, 대체 무엇이 이러한 '초월적인 움직임'을 가능하게 할까?

만약 나에게 그 마법의 정체를 묻는다면, 승리를 향한 괴물 같은 집념을 눈앞에서 목격했던 나로서는 '승리를 향한 강렬한 결심'이라 말할 수밖에 없다. 사실 어느 정도 경지에 오른 사람들 사이의 승부는 너무 팽팽하기 때문에 아주 작은 요인 하나가 승패를 결정짓는다. 그럴 때 승리의 기운을 가져오는 힘은 바로 한계의 장벽을 뛰어넘는 예상 밖의 에너지. 즉, 반드시 한 걸음 더 나아가겠다는 강렬한 결심뿐이다. 이 마법 같은 힘을 조금이라도 목격하고 경험해 본 사람이라면, 이 초월적인 힘을 언제든 꺼내 사용하고 싶은 마음에 사로잡힐 수도 있다. 승리를 위한 필수조건이자 폭발적인 성장의 원동력이기 때문이다.

다시 〈피지컬:100〉의 결승전. 팽팽했던 첫 경기를 내준 한 참가자의 얼굴을 타이트하게 촬영했다. 패배의 문턱까지 간 참가자는 역시 씁쓸한 표정을 숨길 수 없었다. 하지만 갑자기 그는 '씩-' 하고 웃었다. 순간 그가 왜 웃었는지는 알 수 없다. 하지만 한 가지 확실했던 건, 그 순간부터 촬영장의 분위기가 바뀌었다는 것이다.

그는 남은 두 경기에서 내리 이기며 기적 같은 역전 드라마를 완성했다. 패색이 짙었던 상황을 뒤집고 쟁쟁한 100명의 참가자 중 유일하게 생존한 그에게는 우승 상금 3억이 주어졌다. 아무래도 그가 '씩-'하고 웃었던 순간을 짚어봐야 할 것 같다. 그때가 아마 '승리를 향한 강렬한 결심'의 순간이 아니었을까? 물론

다부진 결심만으로 초월적인 능력이 발휘되는 것은 아니다. 결심을 뒷받침할 만한 노력의 역사가 마치 정교한 기어처럼 맞물리며 서로를 일깨우는 과정이 바닷속 빙산처럼 숨어 있다.

그의 결심처럼 우리 모두는 초월적인 능력을 발휘하게 하는 '또 하나의 기어'를 가지고 있다. 하지만 안타깝게도 이 기어는 쉽게 드러나지 않는다. 겨우 발견한다 해도 쉽게 작동할 수가 없다. 누구나 쉽게 원하는 타이밍에 작동할 수 있다면 초월적이라는 표현이 어울리지 않을 것이다. 누구나 가지고 있는, 그렇지만 쉽게 발견하거나 작동할 수는 없는 그 '특별한 기어'에는 반드시 어떤 계기가 필요하다.

그리고 그 계기는 각기 다른 얼굴로 찾아온다. 누군가에게는 일생에 한 번 있을까 말까 하는 영광의 순간이거나, 우리의 두 무릎을 땅속 깊이 박아버린 처절한 패배의 순간일 수도 있다. 또 나이테처럼 켜켜이 쌓여온 노력의 결실일 수도 있고, 비슷한 길을 앞서 걸어갔던 어떤 선배의 격려나 조언일 수도 있다. 확실한 건, 그 계기를 마주하고 나의 새로운 가능성을 발견하는 과정에는 무한한 노력과 학습 그리고 수많은 실패와 성공의 경험이 필요하다는 것이다.

여기 그 특별한 순간을 무려 수백 번 넘게 경험한, 아니 어쩌면 그 특별한 경험을 선물하는 놀라운 스승이 있다. 이 책의 저자 그레그 하든은 슈퍼볼 최고의 스타 톰 브래디부터 수영의 신 마이클 펠프스까지 수많은 승리자의 인생 멘토이며, 어쩌면 그들의 인생에서 가장 중요한 계기를 만들어준 조력자다. 뿐만 아니라 그의 진심 어린 조언은 짙은 좌절과 방황 속에 머물던 수많은 사람을 다시 일으켜 세웠고, 그들이 거둔 새로운 승리의 뿌리가 되었다.

그의 수십 년 경험이 고스란히 담긴 이 책은 매일같이 새로운 승부와 마주해야 하는 우리에게 큰 위로가 될 것이다. 그리고 또 하나의 기어를 발견할 수 있는 놀라운 계기가 될 수 있다. 물론 그 특별한 기어를 실제 작동시킬 수 있느냐 없느냐는 결국 우리 자신의 몫이다. 하지만 적어도 자신의 새로운 기어를 발견할 확률을 조금이라도 높일 수 있다면, 그 기어를 온전히 내 것으로 만들 수 있는 노하우를 엿볼 수 있다면 그 좋은 기회를 마다할 이유는 없지 않을까?

이 책은 바로 그런 기회다.

서문

톰 브래디Tom Brady

NFL의 전설. 슈퍼볼 최다 우승(7회), 슈퍼볼 MVP 최다 수상(5회), 리그 MVP 3회 수상, 프로볼* 14회 선발 등 스포츠계에 유일무이한 족적을 남겼다. 2000년 NFL 드래프트 당시 톰 브래디는 6차 선발, 전체 199번째(쿼터백으로는 7번째) 선발이었다.

"그레그의 가르침은 여전히 나의 일부로 남아있다."

대학생이 되면 저절로 어른이 된다고 생각하기 쉽다. 하지만 1995년 미시간대학에 입학한 나는 캘리포니아주 샌마테오 출신의 4남매 중 외동아들이자 막내로서 여전히 세상물정 모르는 아이였다. 미국 중서부에 가본 건 그때가 처음이었다. 인생 경험도 거의 없었고, 나름의 가치관도 확립하지 못한 아이에 불과했다. 빨리 철이 들고 싶었지만, 어떻게 해야 하는지 방법을 몰랐다.

　나는 풋볼을 하고 싶어서 대학에 들어왔다. 하지만 상황은

---

* 　1971년부터 시작된 내셔널 풋볼 리그NFL의 올스타전.

계획대로 돌아가지 않았다. 뎁스 차트depth chart*에는 나보다 상위에 있는 선수가 여섯이나 있었다. 나는 성공할 기회를 다른 선수만큼 얻지 못한다고 생각했다. 여기서는 끝내 풋볼을 하지 못할 것이고, 머릿속에서는 학교를 잘못 선택했다는 생각뿐이었다. 좌절하고 상심했다. 하지만 속담에서처럼 준비된 학생에게 스승은 등장하는 법이다.

그레그 하든은 1986년부터 미시간대학에서 근무했는데, 주로 풋볼과 농구팀을 맡았다. 그의 직함은 '스포츠 상담교사Director of Athletic Counseling'였지만, 절대 상담교사처럼 보이지는 않았다. 연습 시간에 그는 사이드라인에 서 있었고, 식당과 원정경기에서도 볼 수 있었다. 시즌이 계속되던 어느 날, 그레그는 그간 나를 지켜보았다고 말했다. "둘이 얘기할 시간 좀 낼 수 있을까? 다음 주 화요일 오전 8시는 어때?" 당시 나는 평생의 멘토이자, 미시간대학이 자랑하는 체육계의 위대한 보물이자 자원을 만났다는 사실을 알지 못했다.

그레그를 생각할 때마다, 나는 자연스레 그의 전염성 있는 미소와 카리스마와 지혜, 상상을 초월하는 IQ와 EQ, 아주 다양한 사람과 인맥을 쌓는 타고난 능력이 떠오른다. 그는 예전에도,

---

* 포지션별로 선수의 순위를 매겨 출전할 확률이 높은 순으로 정렬한 표로, 선발선수는 상위에, 후보선수는 아래쪽에 위치한다.

지금도 진보적인 사고를 했고, 항상 시대를 앞서갔다. 늘 큰 그림으로 상황을 바라보았던 그는 학생 운동선수로서 내 신체적인 면과 정신적인 면을 파악했고, 내가 감정에 치우치는 편이라고 평가했다. 내게 정말로 필요했던 것은 감정을 올바른 방향으로 향하게 하는 능력이었다.

그레그는 매우 자상했지만, 응석까지 받아주진 않았다. 다음 몇 년간 그는 정신 차리고 철 좀 들라고 나를 압박해왔다. 그의 도움으로 나는 상황이 늘 내게 불리하게 돌아간다고 여겼던 선수에서 에너지와 열정과 긍정적 관점, 자신에 대해 흔들리지 않는 믿음을 지니고 경기에 임하는 선수로 변했다. 그는 나를 비롯해 다른 누구도 자신을 피해자라고 여기게끔 내버려두지 않았다. 상황이 어떻게 되었든, 그건 내 탓이었다. 그는 내가 성공하는 데 필요한 도구를 제공하면서, 최고의 선수이자 최고의 사람이 될 수 있도록 내 생각과 정신을 뜯어고쳤다.

20년이 넘은 지금도 나는 그레그의 가르침을 되새긴다.

"네가 통제할 수 없는 모든 일은 그만 생각해. 네가 할 수 있는 최고의 상태가 되는 데만 집중해. 있는 힘껏 노력해. 연습을 한번밖에 할 수 없다면, 완벽하게 해내. 뭐가 '공정한지'는 신경 쓰지 마. 경기장에서는 팀원을 포용하는 리더 역할을 해. 그리고 최선을 다해!"

시간이 흐르면서 풋볼을 새로운 관점으로 바라보았다. 상황이 어떻게 되었든, 그건 내 탓이었다. 그레그는 앞날이 순탄치 않으리라는 사실을 일깨워주었다. 하지만 우리 앞에 놓인 장애물은 우리를 좌절케 하거나 자신을 의심하게 하려고, 또는 화를 내며 떠나거나 그만두게 하려고 존재하는 게 아니다. 장애물이 바로 길이다. 어려움은 장점이다. 우리가 가는 길에 장애물이 많을수록, 성공할 확률은 높아진다. 왜일까? 수많은 사람이 장애물에 직면하게 되면 그냥 굴복하기 때문이다. 이런 사고방식 덕분에 새내기로 뉴잉글랜드 패트리어츠New England Patriots에 입단했을 때도 출전 기회를 얻지 못하리라고 예상하지 않았다. 오히려 '좋아, 가자. 내가 정말로 어떤 사람인지 증명해 보일 때가 왔어. 최고가 되려면, 최고의 선수들을 이겨야만 해'라고 되새겼다.

그레그의 가르침은 지금도 내 일부로 남아 있다.

"우리 팀이 1분 30초를 남겨둔 상황에서 10점을 뒤지고 있다면, 그때가 바로 기회야. 후반에 실점한다고 더 문제 될 건 없어. 걱정할 게 뭐야? 잃을 게 없으니 그냥 도전하는 거야. 나중에 우리 팀이 상대 팀과 다시 경기해서 이길 기회가 다시 올까? 파고들고, 집중하고, 우리의 정신적 강인함을 보여줄, 이보다 좋은 순간이 있을까? 진정한 자기 모습을 보여줄 이보다 더 좋은 기회가 있을까?"

바로 이러한 사고방식에 위대함이 있다. 이것이 스포츠의 영광이며, 그레그가 삶을 바라보는 방식이다.

그의 가르침은 경기장 밖에서도 펼쳐진다. 삶에서 원치 않는 처지에 놓여 있다면, 상황을 개선할 수 있을지는 오롯이 자신에게 달려 있다. 긍정적인 면에 집중하고, 열정적으로 상황을 재구성하라. 이 긍정성과 열정이 추구하는 결과를 만들어내는 데 이바지할 것이다. 이와 같은 사고방식을 삶의 모든 면에 적용한다면, 두려움을 궁지로 내몰 수 있다. 두려움은 달리 도망갈 곳이 없기 때문이다.

상담교사로 일하는 내내 그레그는 가르치는 대로 실천해왔다. 그는 계속해서 성장하고 배우고 목표를 성취해냈으며, 항상 엄청난 노력을 기울였으며, 스스로 세운 높은 기준대로 실천하며 살았다. NFL과 대학팀이 그레그의 지혜를 받아들인다면, 많은 이의 삶이 긍정적으로 바뀔 것이다. 세상에는 그레그 하든 같은 지도자가 필요하다. 다행히도 나는 그레그 하든의 도움을 받은 운 좋은 선수 중 한 명이다.

이 책은 부와 성공을 이루려면 어떻게 해야 하는지를 체계적이고 단계적으로 정리한 전형적인 '지침서'는 아니다. 나는 이 책에 등장하는 수많은 사례 중에서 공감할 수 있는 이야기와 조언을 독자가 스스로 찾아내길 바란다. 머리와 마음으로 깊이, 진심으로 가르침을 얻을 수 있는 이야기를 각자가 발견했으면 좋겠다. 자신의 것으로 소화할 수 있는 사연과 문구가 독자 자신이 늘 꿈꾸어왔던 사람이 되는 데 도움이 되기를 바란다.

내가 강조하는 가장 중요한 하나는 이렇다. 지금 당신의 삶이 원만하게 흘러가고 있다면, 그것은 자신이 내린 결정과 건강한 인간관계를 맺는 능력, 통제 가능한 것을 인식하고 온전히 다룰 수 있는 당신의 능력 덕분이라는 것이다.

나는 대학에서 상담교사로 일하면서 열일곱 살에서 스물세 살 사이의 수많은 청년을 접해왔는데, 그들 한 명 한 명이 청소년에서 청년으로 성장하는 과정을 지켜보는 것은 매우 흥분되는 일이었다. 나는 그들에게 최고가 되고 싶다면, 한 분야가 아닌 다양한 분야에서 자신을 발전시켜야 한다고 설득했다. 그게 얼마나 어려울지 상상해보라. 나는 사무실로 나를 찾아오는 학생들에게 최고의 운동선수가 되는 최선의 방법은 더 나은 사람이 되는 것이라고 설명해주곤 했다.

그리고 이는 무슨 일을 하든, 나이가 몇이든 누구에게나 해당하는 진리다. 우리는 온 힘을 다해 최고의 사람이 되지 않고서는 최고의 영업사원, 최고의 매니저, 최고의 부모, 최고의 배우자까지 어떤 영역에서든 최고가 될 수 없다.

누구나 저마다의 짐을 지고 살고 있음을 설명하기가 쉽지 않지만, 사람들에게 우선 그 사실부터 이해시켜야 함을 깨달았다. 우리 모두는 삶에 각자의 사연이 있기 마련이다. 나름의 배경이 있고, 그동안 견뎌온 고난이나 트라우마가 있고, 우리가 만나고 사랑한 사람 또는 잃어버린 사람도 있다. 다양한 스포츠의 우승자와 챔피언 중에서도 대중을 울릴 만한 사연을 간직한 선수가 많다. 그들도 마찬가지로 독자들과 내가 매일 마주치는 문제를 두고 똑같이 고민하고 있다.

열일곱 살이든, 일흔 살이든, 우리 내면에는 사랑받고 싶고 받아들여지고 싶은 아이가 있다. 동시에 우리 내면에는 어떤 태도와 행동이 효과가 있고, 또 자기 꿈을 방해하는지를 이해해야 하는 어른도 있다.

결국 내 목표이자 집착과도 같은 이 책의 진짜 사명은 당신이 한 가지 목표, 바로 자기 자신에 관해 세계 최고의 전문가가 되도록 돕는 데 있다.

차례

잠재력을 100% 끌어내는 7가지 기술

◇◇◇

1. 자신에 관한 세계 최고의 전문가가 되어라
Become the world's greatest expert on yourself.

2. 통제 가능한 것을 통제하라
Control the controllables.

3. 100%의 시간과 100%의 노력을 쏟아라
Giving 100 percent, 100 percent of the time.

4. 집중하고 개선하고 유지하라
Commit, improve, maintain.

5. 두려움을 두려워하지 마라
Stop being afraid of being afraid.

6. 자기애와 자기 수용을 연습하라
Practice self-love and self-acceptance.

7. 자신에게 인생 최고의 친구가 되어라
Become the very best friend you ever had in your life.

일러두기
• 본문의 각주는 독자의 이해를 돕기 위한 번역가 주입니다.

1장

달라질 용기

이 책이 아닌 다른 데에서 먼저 나에 관해 읽었다면, 내가 30년 넘게 미시간대학에서 운동선수를 상담해왔다는 사실을 알 것이다. 나는 30년간 영광스럽게도 톰 브래디Tom Brady, 마이클 펠프스Michael Phelps, 데즈먼드 하워드Desmond Howard 등 한번쯤은 들어봤을, 뛰어난 운동선수의 조력자라는 특권을 누려왔다. 또한 대중의 관심을 널리 받지는 못했지만, 그들 못지않거나 그들보다 뛰어난 업적을 이룬 수많은 선수 곁에서 그들을 도왔다.

중독자, 범죄자뿐 아니라 학생 선수, 코치, 카운슬러, 기업가, 〈포춘Fortune〉이 선정한 100대 기업이 자신에 관한 세계 최고의 전문가가 되도록, 그래서 자신이 할 수 있는 최선의 상태가 되도록 돕기 위해서는 나부터 그럴 수 있어야 했다.

나에게는 삼촌이 있었는데, 내 나이 열네 살 무렵 삼촌은 그냥 나를 괴롭힐 양으로 우리 집을 종종 찾아왔다. 나는 적어도 그렇게 느꼈다. 여덟 살의 나는 삼촌이 재미있고 유쾌한 사람이라고 생각했지만, 열네 살의 나는 삼촌의 괴롭힘을 참을 수가 없었다.

어느 날 삼촌이 우리 집에 와 평소처럼 나를 여기저기 찌르면서, 억누르고 있던 내 신경을 건드릴 셈으로 갖은 짓을 다했다. 삼촌의 노력이 제대로 먹혀 나는 폭발 직전이었다. 그때 마침 삼촌이 내게 물었다. "넌 커서 뭐가 될래?"

나는 잠시 생각에 잠겼다가 대답했다. "남들과 다른 사람이 될래요."

"아니, 장난하지 말고. 어른이 되면 뭘 하고 싶냐고."

나는 대답했다. "진심이에요. 남들과 다른 사람이 되고 싶어요."

내 대답은 '삼촌처럼 되고 싶지 않아요'라는 의미의 간접적이고 정중한 표현이었다. 열네 살의 자신을 돌아보라. 당시 우리 곁에 있던 어른들을 떠올려보면, 정말 그들처럼 되고 싶었는가? 열네 살의 나를 돌아보면, 끝없이 불평을 늘어놓거나 우는소리를 하고 넋두리하면서 힘겨워하는 어른들이 너무 많았다. 내가 왜 그들처럼 되고 싶었겠는가?

주변의 어른들은 때로는 비참해 보이고, 부정적이고, 우울해했을뿐더러 내게도 자기들과 똑같이 되라고 말했다.

"세상은 원래 이렇게 돌아가는 거야. 넌 한쪽을 선택해야 해. 색깔과 종교와 정당을 선택해야 해. 어떻게 돈을 버는지, 그리고 그걸 어떻게 써버리는지 알아야 해. 가장 중요한 건 항상 너만 생각해야 한다는 거야."

열네 살의 나는 남들과 달라지고 싶다는 꿈을 인식하고 있었다. 내가 똑똑해서 그 꿈을 계속 붙잡고 있었더라면 얼마나 좋았을까. 최고의 상태로 자신을 끌어올릴 힘과 지혜를 얻기는커녕, 나는 시대 분위기에 휩쓸려버렸다. 당시 미국은 격동의 시기였고 '증오가 만들어낸 증오hate that hate made'에 나는 매일 사로잡혔다. 부정적이고 비참하고 우울하기만 한 게 아니라, 온 세상에 화가 나 있었다. 그래서 철저히 스스로에게 최악의 적이 되었고, 무지와 오만함으로 가득 차 있었다.

사회 분위기에 휩쓸려 편견을 지닌 성차별주의자, 동성애 혐오자, 외국인 혐오자가 되었고, 급기야 인간의 모든 집단을 증오했다. 이 시기에 나는 디트로이트의 고등학교에서 미시간대학의 육상선수로 선발되어, 분노에 집중하고, 증오로 가득 차 있는 자신에게 집중한 채로 캠퍼스에 도착했다. 그러나 트랙 경주나 삶의 선택에는 집중하지 못했다. 2년 후에는 아이가 생겨 학교를 중퇴하고 제철소에서 일했다. 섭씨 40도에 고무 슈트를 입고 용광로 아래에서 코일을 치우는 일을 했다.

그제야 나는 삶을 신중하게 돌아보았다. 세상에 태어난 후로 내가 하고 싶었던 일을 정말 하고 있는지를 자신에게 물었다. 열네 살에 품었던 생각으로 마침내 돌아오기까지 너무나 오랜 시간이 걸렸다. 남들과 다른 사람이 되겠다는 내 꿈으로 돌아오기까지 말이다.

학업에 다시 도전했다. 대부분의 동기보다 나이가 많은 스물여덟 살에 마침내 사회복지학 석사학위를 취득했고, 알코올과 마약에 중독되어 힘겨워하는 사람들을 상담하면서 경력을 쌓기 시작했다. 나는 보 스켐베클러Bo Schembechler에게 그가 맡은 풋볼 선수들에게 강연하고 싶지 않다고 말한 날까지 다시 체육계의 일원이 되리라고는 꿈도 꾸지 못했다. 나의 거절에도 불구하고 그는 나를 비난하지 않고, 오히려 만나 달라고 부탁했다! (15장 참조)

그 후로 나는 30년간 영광스럽게도 수백 명의 사람에게 스스로를 믿을 용기를 내라고 설득해왔다. 누구든, 어디서 왔든, 모두에게 톰 브래디가 처음 내 사무실에 찾아왔을 때와 같은 질문을 던졌다.

"네가 자신을 믿지 않는데, 내가 왜 너를 믿어야 하지?"

이 책에서도 이 말을 수차례 반복할 것이다. 연습하고, 훈련하고, 반복하라고 계속 말할 것이다. 자신을 믿는 것을 연습하고, 훈련하고, 반복하면, 그 믿음이 제2의 천성이 될 것이기 때문이다. 100%의 시간과 100%의 노력을 쏟아붓는 과정을 연습하고, 훈련하고, 반복한다면, 이는 제2의 천성이 될 것이다. 반면 우울하고, 비참하고, 부정적인 행동을 연습하고, 훈련하고, 반복한다면, 그 또한 제2의 천성이 될 것이다.

통제 가능한 것을 통제하는 법을 배우기가 얼마나 중요한지도 알게 될 것이다. 삶에서 우리가 통제할 수 없는 것(남들이 하는 것, 또 그들이 우리에게 강요하는 방식)은 너무 많고, 우리가 통제할 수 있는 것은 중요한 몇 가지(무엇보다도 우리의 행동과 반응과 감정)에 불과하기 때문이다.

미국과 전 세계가 두 가지 역사적 위기로 고군분투하는 지금, 이 메시지는 어느 때보다도 중요하다.

주변의 모든 상황이 엉망이 됐을 때도 집단과 개인이 제 역할을 하는 능력은, 다시 말해 모든 것이 걷잡을 수 없이 휘몰아칠 때도 우리가 통제할 수 있는 것에 집중하는 능력은 지금이 어느 때보다도 귀중하다. 이 주제는 3장에서 자세히 말할 것이다.

당신이 자신을 다잡고, 부정적인 세상에서 긍정적인 태도를 유지하도록 격려하면서, 미친 세상에서 온전한 정신으로 살아가도록 돕는 게 나의 역할이다.

나는 당신이 자기 자신에게 가장 친한 친구가 되기를 바란다. 가장 친한 친구는 바로 자신이어야 한다. 자신에 관한 한 세계 최고의 전문가가 되어, 자신의 최고 상태가 될 힘과 지식을 갖추기를 바란다. 내 멋진 아내 셸리아 하든Shelia Harden이 즐겨 쓰는 말처럼 "당신이 지금 최고의 삶을 살았으면 좋겠다."

그리고 마지막 장에서 나는 매우 중요한 부탁을 할 것이다.

그러면 이제 시작하자.

나는 톰 브래디에게 공 던지는 법을 가르칠 수 없다.
나는 데즈먼드 하워드에게 공 잡는 법을 가르칠 수 없다.
나는 마이클 펠프스에게 플립턴flip-turn을
완벽하게 해내는 법을 가르칠 수 없다.

다만 나는 단 하나, 그들이 자기 자신에 관해
세계 최고의 전문가가 되도록 가르칠 수 있다.

2장

무엇이 그들을 달라지게 하는가

1999년 12월이었다. 해마다 열리는 '미시간 풋볼 버스트Michigan Football Bust'에서는 지난 시즌을 돌아보고, 졸업반 학생들의 공을 치하하며 M이라고 새긴 졸업 반지를 수여한다. 선수 가족을 비롯해 코치와 수많은 팬이 참석하는 대규모 행사다.

행사가 끝나자, 부모님 두 분이 내게 다가왔다. 톰 브래디 시니어와 그의 아내 갈린이었다. 브래디 씨는 나와 악수하며 말했다.

"우리 아들을 잘 지도해주셔서 고맙다고 인사드리고 싶었습니다. 선생님은 아들이 다른 삶을 살게 도와주셨어요. 한없이 감사드립니다."

나는 대답했다. "아닙니다. 말씀은 매우 감사하지만, 저는 아드님이 제게 허락해준 일을 했을 뿐입니다. 톰은 마음이 열린 아이라 정신과 신체, 영혼이 함께 성장하도록 이끌 수 있었습니다. 권위를 존중하고, 남의 말을 경청하고 지시에 따르는 톰의 태도는 모두 두 분의 가르침 덕분입니다. 톰은 미시간대학에서 만난 학생 중 가장 가르침에 열려 있는 학생이었습니다. 그래서 두 분께 오히려 감사드리고 싶습니다."

그저 인사차 건넨 말은 아니었다. 한마디 한마디가 진심이었다. 나는 4장에서 톰 브래디에 관해 좀 더 자세하게 얘기할 예정이다. 자신을 믿지 않으면서 코치들이 어떻게 자신을 믿으리라고 기대하는지 설명해보라며 그를 다그쳤던 일화도 소개할 것이다. 연회는 정규 시즌이 끝나고 열렸지만, 브래디는 오렌지볼*에서 팀을 우승으로 이끌기 위해 준비하고 있었다. 오렌지볼에서 그는 세 번이나 14점 차이로 뒤지던 열세를 극복하고 연장전에서 앨라배마대학을 35:34로 이기는 데 일조했다. 그 경기는 지금까지도 대학 쿼터백 선수가 보여준 경기 중 최고로 남아 있다.

내가 만난 학생 중 가르침에 가장 열려 있는 학생이 톰 브래

---

* 시즌 후 연말연시에 개최되는 대학 풋볼 경기를 '볼 게임'이라고 하는데, 경기장이 볼bowl 처럼 생긴 데서 이름이 유래한다. 캘리포니아주의 로즈볼, 텍사스주의 코튼볼, 루이지애나주의 슈거볼, 플로리다주의 오렌지볼을 4대 볼이라고 일컫는다.

디였다면 그 기준을 세운 사람은 데즈먼드 하워드였다. 5장에서 그에 관해 이야기할 예정이다. 나는 하워드를 브래디보다 몇 년 일찍 만났는데, 당시 내게 하워드 같은 학생은 처음이었다. 미시간대학에서 함께한 모든 종목의 운동선수를 통틀어, 데즈먼드 하워드는 내 눈을 똑바로 응시하며 이렇게 말한 유일한 학생이었다.

"제가 뭘 해야 하는지 말해주세요. 선생님이 저지른 실수를 하나하나 모두 말해주세요. 제가 피할 수 있게요."

그는 다음에도 이렇게 말했다. "저는 팀에 있는 다른 놈들하고는 달라요. 선생님이 '저걸 만지면 데일 테니 만지지 마라'고 하시면, 절대 만지지 않을게요. 어떤 것은 효과가 없다고 말씀하시면 그대로 믿을게요. 그냥 효과가 있는 것만 말씀해주세요."

이같은 말들을 건넨 건 그가 힘든 시기를 겪은 후였다. 그는 2학년 때 새로운 포지션을 맡으면서 다른 학교로 전학을 가야 하나 고민했더랬다. 나는 그에게 전학이라는 '지리학적 치료'는 환상일 뿐이니, 미시간대학에 남아 팀에서 최고의 선수가 되도록 노력하라고 조언했다. 그는 내 말을 따랐고, 팀에 남았다. 그리고 51년 만에 미시간대학에서 배출한 하이즈먼 트로피Heisman Trophy*의 수상자가 되었다.

---

* 매년 대학 풋볼 최우수 선수에게 수여하는 상.

처음 데즈먼드를 만났을 때 몰랐던 사실이 있었다. 데즈먼드가 신입생인 시절, 내가 처음 풋볼팀과 면담을 나눈 이후로 그는 줄곧 나를 살펴보고 있었다고 했다. 1년 6개월이 흐른 후, 그가 마침내 나를 찾아왔고, 그 후로는 지금까지 친분을 유지하고 있다. 프로 풋볼 선수로 뛰던 11년 내내, 그리고 슈퍼볼 MVP로 뽑힌 유일한 스페셜팀* 선수일 때도, 심지어 ESPN의 〈칼리지 게임 데이College GameDay〉에서 터줏대감으로 프로그램을 진행하는 지금까지도 말이다.

톰 브래디와 데즈먼드 하워드가 지닌 공통점이자 몇몇 스타 선수들을 비롯, 수년간 내가 상담해왔던 최고 수준의 선수들의 공통점은 조언에 목마르고, 정보에 목마르며, 배움에 목말랐다는 점이다.

그들은 모든 면에서 가르침에 열려 있는 학생이었다.

6장에 담은 마이클 펠프스 이야기도 마찬가지다. 그 청년의 삶에서 독특한 시기에 관해 다룰 것이다. 당시 그는 수영이라는 스포츠에 평생을 바친 후, 이미 올림픽 메달리스트가 되어 있었다. 그는 평범한 어린 시절을 경험하지 못한 채, 네 살부터 열네 살까지 고분고분하게 가르침을 따르는 학생이었으나, 열아홉 살

---

* 풋볼 포지션은 공격, 수비, 스페셜팀으로 구분한다.

이 되자 반항아로 돌변해 있었다. 미국 국가대표 수영 코치 밥 보 먼Bob Bowman에게 물어보라. 신이 마이클 펠프스에게 수영을 위한 완벽한 몸을 주었을지라도, 그가 물에서 자기 재능을 최대화하는 법을 사소한 하나까지 흡수하는 스펀지가 아니었다면, 올림픽 역사상 가장 많은 메달을 딴 선수가 되지는 못했을 것이다.

그래서 가르침에 열려 있는 마음가짐 이외에도, 높은 성과를 이룩한 이들의 두 번째 공통점은 자기 개선에 대한 신념이다. 이 주제에 관해서는 19장에서 자세히 다룰 생각이다. 이는 자신을 향상하는 데 필요한 일에 집중하고, 자기가 하는 모든 일의 성과를 개선하기 위해 노력하고, 시간이 지나도 그 성과를 유지하는 3단계 과정이다.

간단하지 않은가? 하지만 얼마나 많은 이가 이를 실천할까? 정말로 실천하는 사람은 몇이나 될까?

톰 브래디는《TB12 방법: 최고의 성과를 평생 유지하는 법The TB12 Method》에서 자신이 '비밀리에' 받았던 금요일 아침 훈련을 털어놓는다. 그는 패트리어트팀의 체력 관리 코치에게 1대 1 지도를 받는 특권을 얻어냈다.

"어떤 레벨에 도달하든, 모두가 더 빠르고, 더 강하고, 더 잘했기 때문에, 나는 경쟁에서 뒤지지 않으려고 정말 열심히 노력해야 했다.

그래서 팀원들이 나오지 않는 금요일 새벽 6시마다, 체력 관리 코치와 함께 스피드 훈련과 발차기 훈련을 하면서 팀원들과의 격차를 좁히려 애썼다."

금요일 아침에 일찍 일어나는 것만으로 톰 브래디가 하루아침에 '격차를 좁힐' 수는 없었다. 하지만 오늘부터 당신이 **1%의 10분의 1이라도 성과를 개선한다면** 어떨까?

그러고 나서 내일 다시 한다면.

그리고 다음 날 또 한다면.

그렇다면 성과는 복리처럼 올라갈 것이다. 이렇게 개선된다면 1년 후에는 자신이 어느 위치에 있을지 상상해보라. 요약하면 첫째, 가르침에 열려 있는 마음가짐, 즉 배우려는 욕구가 있어야 한다. 자신을 믿고 몰두하는 자기 개선 과정이 두 번째다. 그리고 가장 중요한 세 번째는 정의하기에 가장 어려울 수도 있다.

가끔 나는 그것을 **위력**edge이라고 부르고, 가끔은 **또 하나의 기어**extra gear라고도 부른다. 당신도 나름대로 칭하는 단어가 있겠지만, 내가 무슨 말을 하고 있는지는 알아챘을 것이다.

풋볼 경기가 열리는 토요일마다 나는 보통 필드 가까이, 미시간 벤치 바로 뒤에 앉아 있다. 그 자리에서 경기 도중에 몇몇 선수와 소통하면서, 선수들을 격려하기 위해 내가 할 수 있는 모든 일을 한다. 하지만 가끔은 예상을 뒤집고 오히려 내게 용기를 주는 특별한 선수도 있다.

바로 그 선수가 찰스 우드슨Charles Woodson이다. 하이즈먼 트로피의 수상자이자 나아가 대학과 프로에서 모두 풋볼 역사상 최고의 디펜시브 백defensive back*이 된 선수였다. 이 책을 마무리할 무렵, 그는 최초의 무기명투표에서 NFL 명예의 전당에 오를 선수로 막 선정되었다!

당시 우리는 아이오와대학을 상대로 홈경기를 치르고 있었다. 콜로라도대와 노트르담대를 상대로 거둔 대승에 더해 시즌에서 5연승을 기록한 후 맞이하는 6번째 경기였다. 하지만 게임은 우리 뜻대로 흘러가지 않았고, 하프타임**까지 아이오와대가 21:7로 앞서고 있었다. 선수들이 후반전을 뛰려고 경기장으로 나서는 순간, 찰드 우드슨이 내 눈에 띄었다. 그는 내게 가까이 다가와 말했다. "걱정하지 마세요, G. 우리가 해낼 겁니다."

자, 한번 생각해보시라. 이건 농구경기가 아니었다. 우드슨이 전체 팀원을 뒤로하고 앞으로 달려나가 후반전에 40점을 넣을 수 있는 경기가 아니란 말이다. 심지어 그는 공격수도 아닌 수

---

* 수비의 최후방에 있는 세이프티와 코너백을 통칭한다.
** 풋볼은 15분씩 4쿼터로 진행되며, 2쿼터가 끝난 후 12분의 하프타임을 갖는다. 1, 2쿼터와 3, 4쿼터 사이에는 2분간의 인터미션이 있다.

비수였다! 자기 팀이 14점이나 뒤졌는데, 어떻게 수비수가 "우리가 해낼 겁니다"라고 말할 수 있을까?

그는 몸과 마음에 있는 스위치를 켜서 자기 성과를 한 단계 더 끌어올렸다. 더 중요한 점은 팀원들에게도 똑같이 하도록 독려했다는 것이다.

최종 스코어는 미시간대가 28점, 아이오와대가 24점이었다.

팀은 시즌을 무패로 마무리지었고, 우드슨은 오하이오주립대와의 경기에서 상대방이 펀트*한 공을 잡아 터치다운했다. 그들이 로즈볼에서 워싱턴주립대를 꺾었을 때, 미시간대학은 '내셔널 풋볼 챔피언십'에서 1948년 이래 처음으로 우승을 거머쥐었다.

여기서 내가 말하려는 바는 가끔 어떤 사람이 상상할 수 있는 최고 수준의 성과를 보일 때, 그것이 전체의 성과를 또 다른 기어로 한 단계 끌어올린다는 것이다.

그렇게 해야만 하니까.

그렇게 해야만 하는 상황이었으니까.

그것만이 이길 방법이니까.

---

*　풋볼에서 손에 쥔 공을 떨어뜨려 땅에 닿기 전에 길게 차는 것.

'위력'이 발휘되는 순간은 한 게임에서만 일어나는 게 아니라 시즌 전체에서, 경력 전반에서 일어난다. 톰 브래디가 미시간 대학 4학년 시절 선발로 출전하지 못한 덕에 그는 더 나은 사람이 되었다. 그가 NFL 6차 드래프트까지 떨어진 덕분에, 그리고 마침내 199번째로 선발된 덕분에 더 나은 사람이 되었다.

마흔세 살이 되었고, 슈퍼볼을 일곱 차례나 우승한 지금까지도, 그는 여전히 무언가를 증명하려 애쓰는 선수처럼 플레이한다(내가 이 책을 마무리할 때쯤 그가 쓴 역사는 다시 바뀌고 있었다. 톰은 새로운 팀과 처음으로 10번째 슈퍼볼 경기를 준비하고 있었다. … 그리고 챔피언이 되었다). 그는 여전히 100%의 시간과 100%의 노력을 쏟아붓는다.

이게 바로 내가 말하고자 하는 '위력'이자 '또 하나의 기어'다. 100%를 쏟아붓는다는 건, 젖 먹던 힘까지 능력을 발휘하는 것이다. 그 능력은 이기고 말겠다고 결심하는 능력이자, 자신과 주변 모두를 한 단계 위로 끌어올릴 방법을 찾겠다고 결심하는 능력이다. 삶에서 맞닥뜨리는 모든 실패와 좌절을 연료로 바꾸고야 말겠다고 결심하는 능력이다.

아버지가 살해당한 후 프로야구 선수로 전향하려고 고군분투하다가 다시 NBA로 돌아와 불스팀을 3연속 우승으로 이끈 마이클 조던Michael Jordan처럼. 네 번이나 허리 수술을 받은 후 다시 골프채를 휘두를 수 있을지, 똑바로 걸을 수조차 있을지 걱정하다가 마흔세 살에 마스터스대회에서 우승한 타이거 우즈Tiger Woods처럼. 호지킨 림프종에 걸려 생사의 고비를 넘나들면서, NHL* 시즌에서 두 달이나 결장하고도 다시 돌아와 기록적인 연승을 거둔 마리오 르미외Mario Lemieux처럼.

분명히 말해두지만, 이런 스토리의 주인공은 비단 남자들만이 아니다. 피겨스케이트 선수 낸시 케리건Nancy Kerrigan은 괴한에게 곤봉으로 습격당한 후에 다시 돌아와 1994년 동계올림픽에서 메달을 따냈다. 체조 선수 케리 스트러그Kerry Strug는 1996년 올림픽에서 발목에 심각한 부상을 입고도 도마 경기에 출전해 미국이 단체전에서 금메달을 확보하도록 도왔다. 테니스 선수 모니카 셀레스Monica Seles는 라이벌의 광팬에게 테니스 코트에서 칼에 찔린 후, 다시 돌아와 2000년 올림픽에서 메달을 땄다.

우리는 이처럼 역경을 딛고 올라선 이야기에 흥미를 느끼고, 영감을 받는다. 하지만 나는 당신이 영감을 받는 데서 그치지 않기를 바란다. 정말로 필요할 때 깊이 파고들어, '또 하나의 기어'로 올라서는 능력은 당신이 이미 내면에 가지고 있는 능력임을 깨달았으면 좋겠다.

---

* 미국과 캐나다의 프로 아이스하키 리그.

나도, 당신도 알고 있다. 잠시만 시간을 내보자. 자기 삶에서 그런 순간을, 그만두지 말자고 결심해야 했던 순간을 되돌아보자. 최선이라고 생각했던 것보다 훨씬 더 많이 쏟아붓겠다고 결심해야 했던 때를.

이제 그 결심이, '또 다른 기어'가 영원히 자신의 일부라고 상상해보자. 필요할 때마다 결심을 되새길 수 있고, 그 결심이 자신을 승리로 이끌 것이라고 상상하라. 아니면 적어도 당신의 적수가 자기만의 기어를 찾아 당신을 이길 기회를 얻을 수 있다고 상상하라.

바로 그것이 승리자를 만드는 힘이다.

나는 여기서 세 가지 중요한 주제를 다뤘지만, 여기서 언급하지 않았던 사실도 기억하기를 바란다. 이 장 전체에서 나는 2%의 체지방 또는 1m의 수직 도약, 또는 36m를 4.3초에 달리는 전력 질주 능력을 언급하지 않았다. 사실 신체적 재능은 신의 축복으로 타고났지만 안타깝게도 스포츠에서, 또는 삶의 다양한 분야에서 성공하지 못한 사람을 나는 수없이 봐왔다.

다시 말해, 나는 IQ가 200인 사람이나 소수만 타고나는 초인적인 능력도 이야기할 수는 있다. 하지만 내가 말하고 싶은 건 신이 우리에게 준 재능이 아니다. 우리가 마이클 펠프스처럼 반쯤은 돌고래 같은 수영 능력을 타고났거나 서번트 증후군*을 지닌 사람의 정신적인 능력을 지니고 있다고 해도 그걸 짚는 게 아니다. 내가 말하고자 하는 건 하루하루를 어떻게 살아갈지 선택하는 방법이다.

- 가르침에 열린 마음으로 대하고, 배움에 목말라하자.
- 꾸준히 자신을 개선하는 과정에 집중하자.
- 간절할 때 나타날 '또 하나의 기어'가 있다고 믿자. 이기든, 지든, 동점이든, 결과에 일희일비하지 말고 최악의 적인 두려움과 자기 의심을 딛고 일어나 모든 걸 쏟아부을 수 있다고 믿자.

이것은 우리가 최고가 되기 위해, 즉 우주에서 의미 있는 존재가 되는 데 필요한 세 가지다. 스포츠에서만이 아니라 우리의 경력과 인간관계, 우리가 하는 모든 일에 적용된다. 앞으로 나와 함께했던 놀라운 운동선수에 관해 더 많이 이야기할 테지만, 이것만은 기억하자. 내가 묘사하는 이들 선수가 갖춘 모든 자질과 위력을 당신도 지니고 있다는 사실을.

그것은 지금도 당신 내면에 있다. 당신은 그것이 있다는 사

---

* 전반적으로 정상인보다 지적 능력은 떨어지나 특정 분야, 즉 기억이나 암산, 음악에 대해서만은 비범한 능력을 보이는 증후군을 말한다.

실을 알고 있다. 그러니 삶의 추진력이 될 그 자질을 육성하는 방법을 찾아보자. 그러면 당신도 아무도 막을 수 없는 존재에 가까워질 것이다.

3장

통제 가능한 것을 통제하라

"너의 허락 없이 아무도 너에게 열등감을 느끼게 할 수 없다."

엘리너 루스벨트Eleanor Roosevelt의 이 말을 나는 무척 좋아한다. 예전에 한 상사와 일한 적이 있는데, 그는 내가 만난 사람 중단연코 가장 부정적이면서 남을 우울하게 만드는 사람이었다. 지독히 재미없는 농담을 했고, 늘 부정적이고 냉소적이었으며, 고함을 지르면서 내게 주기적으로 욕설을 퍼부었다. 일주일에 적어도 20시간은 그가 내 머릿속을 차지했다. 20대 초반의 청년이었던 나는 그가 내게 미치는 영향력을 통제할 준비가 되어 있지 않았다.

그 사람 주위에 있는 것이 싫었고, 내 직업이 싫었다. 아침에 일어나 직장에 나가기가 몹시 싫었다. 매일 하루 일을 마칠 때가 되면 비참하고, 부정적이고, 우울한 기분에 휩싸여 집으로 돌아갔다. 내가 생각해낸 해결책이라고는, 들어줄 만한 사람에게 투덜거리고 앓는 소리를 하며 불평하는 방법뿐이었다.

만약 불평을 들어주던 사람이 내가 할 수 있는 일이 있다며 내 태도나 사고방식을 바꿔보라고 설득했다면, 나는 그에게 바보나 헛소리라고 맞받아쳤을 것이다. 문제는 그 사람이지, 내가 아니라고 항변하면서 말이다. 나는 덫에 갇혀 있었고, 상황을 바꾸기 위해 내가 할 수 있는 일은 없어 보였다.

결국 하소연을 듣는 데 신물이 난 직장 동료 중 하나가 같이 점심을 먹으면서 상사의 끔찍한 사연을 들려주었다. 상사의 삶은 엉망진창이었다. 그는 만성 알코올중독자였는데, 술에 완전히 휘둘린 나머지 소중한 인간관계를 모조리 망쳐버렸다고 했다. 자기가 만든 지옥 속에 살면서, 간신히 일을 하고는 있지만 하루가 다르게 상태가 나빠지고 있었다. 듣고 보니 예측 불허의 변덕스러운 행동을 충분히 이해할 만했다.

이 사실을 알고 난 후, 그를 새로운 시선으로 보게 되었다. 사람 대 사람으로 그에게 공감하면서 한편으로는 그의 삶과 내 삶 사이에 감정적 완충 장치를 만들 수 있었다. 나를 향한 그의 행동을 더는 개인적으로 받아들이지 않았다. 그러자 그의 정신적 학대가 나에게까지 미치지 않았다. '멘탈 뱀파이어'*는 내 즐거움과 행복을 고갈시키는 마력을 상실했다. 청년 시절 나는 힘들게 이 교훈을 배웠고, 그 후로 수년간 다른 이들과 그 이야기를 공유해왔다.

우리는 모두 자기만의 두려움, 자기 의심, 불안감이 있다. 그런 부정적 생각 때문에 우리는 생각보다 적대적 시선과 주변의 멘탈 뱀파이어에 취약하다. 그래서 매우 간단하면서도 강력한 아이디어를 다시 인용하겠다.

"너의 허락 없이 아무도 너에게 열등감을 느끼게 할 수 없다."

여러 해 동안 내가 직면한 것 중 가장 큰 도전은 사람들에게 통제 가능한 것을 통제하는 법을 가르치는 일이었다. 우리 삶에서 아무도 우리에게 열등감을 느끼게 강요할 수는 없다.

아무도!

사람들은 우리가 열등감을 느끼게끔 하는 조건을 만들 수는 있다. 과거에 우리의 열등감을 유발한 버튼을 누를 수 있다. 사람들은 우리가 열등감을 느낀다고 협박하고, 설득하고, 강요하고, 주장할 수는 있다.

---

*　만나면 힘이 빠지고 우울하게 만드는 사람.

하지만 궁극적으로 그건 자신의 선택이다. 남들에게 우리 자신을 지배할 힘을 주지 않는다면, 그들은 그 힘을 가질 수 없다. 지금 나는 극단적인 정신적·감정적·신체적 학대에 관해 말하는 게 아니다. 폭행당한 배우자나 학대받는 아이에게 머릿속에서 마법의 스위치를 켜기만 하면 다시금 좋아지리라고 말하는 것이 아니다. 다만 극단적 사례에서도, 피해자가 삶에서 마침내 피해자가 되기를 거부하고, 더 나은 삶을 누릴 자격이 있다고 결심하며 자신을 생존자로 다시 정의할 때, 그것이 얼마나 강력한 힘이 되는지는 직접 보아왔다.

우리 대부분은 자신을 어떻게 생각하는지 판단할 권한을 동료나 가족에게 부여할 때가 있다. 다른 사람에게 그 권한을 계속 줘야 하는지 지금 당장 자신에게 질문하라. 우리는 피해자가 되어 덫에 갇힌 채 무기력한 삶을 선택할 수도 있고 사고방식을 바꿀 수도 있다. 하지만 남들이 우리를 대하는 방식을 우리가 바꿀 수는 없다. 남들이 우리에 관해 어떻게 생각하는지도 바꿀 수 없다. 우리가 오로지 통제할 수 있는 것은 바로 우리 자신을 어떻게 생각하느냐이다.

통제 가능한 것을 통제하라. 그것이 이 책 전체의 핵심 기둥이자, 내 말을 귀담아들을 사람에게 당부하는 전부다. 우리는 살면서 주변의 모든 상황을 통제할 수 없는 경우가 너무나 많다. 동기

부여를 한답시고 목소리를 높이며 짜증나게 구는 상사나 코치처럼 말이다. 그들이 스타일을 바꿀 확률은 높지 않다. 우리가 바꿀 수 있는 것은 우리의 생각, 우리 내면의 반응뿐이다. 상사의 짜증을 개인적으로 받아들이지 않고, 그들의 감정이 아닌 오직 그들의 의도에만 집중하면 된다. 삶의 목적에, 그리고 팀이나 조직의 목적에만 초점을 맞춰라. 바로 그것이 우리가 통제할 수 있는 전부다. 통제 가능한 것을 통제하는 데 의도적으로 집중하라.

이 아이디어는 특정한 기분을 느끼게끔 우리를 조종하려는 사람 앞에서만 적용되는 게 아니다. 가만히 생각해보라. 인생 자체가 그렇지 않은가? 모든 상황을 통제할 수 있었던 때가 있기는 했었나?

자녀가 아프다고 가정해보자. 아이가 아파서 몹시 속이 상하고, 우울한 기분에 압도당한다. 당연한 감정이다. 하지만 내가 이 상황에서 무엇을 통제할 수 있는지를 생각해보라. 의사가 내 자녀에게 하는 모든 치료를 내가 통제할 수 있는가? 아니면 자녀의 몸이 약물에 반응하는 방식을 통제할 수 있는가?

우리가 통제할 수 있는 건 우리의 태도이자 사고의 틀이다. 그리고 무엇보다 자녀와 함께 있을 때 우리가 어떤 모습을 보여주는지가 가장 중요하다. 슬프고 상심한 표정이 자녀에게 도움이 되는지를 떠올려보자. 지금 당장 그 무엇보다 자녀에게 필요한 건 한 줄기의 밝은 희망이 아닐까? 자녀에게 위로가 필요할 때 위안이 되고, 응원이 필요할 때 격려하는 존재가 되자. 어떤가?

이것이 여러분이 통제할 수 있는 전부다.

이 책 초반에서 말했듯, 통제할 수 있는 것을 통제하는 아이디어는 두 가지 팬데믹을 동시에 직면했던 이 유일무이한 역사적 시대에 더 중요하다. 첫 번째 팬데믹은 너무 작아 전자현미경으로만 보이는 RNA 바이러스 요소였고, 또 하나의 팬데믹은 미국 동해안에서 서해안까지 걸쳐 퍼진 잔혹한 형태의 인종차별로, 우리와 함께한 지는 400년이 넘었다.

지금은 우리의 진짜 모습을 직면해야 한다. 우리는 저 바깥 세상에 우리를 죽음에 빠뜨릴 수 있는 뭔가가 있음을 어느 때보다 인식하고 있다. 그것들은 우리를 노리고 있다. 나는 1975년부터 소장해온 리처드 프라이어Richard Pryor*의 옛날 비디오에 나오는 한 소절을 기억하는데, 첫 번째가 '추도 연설'이라고 불렸던 루틴이었다. 프라이어는 일어서서 관 위를 굽어보고 목사인 척 연기하면서, 관에 누워 있는 사람을 향해 말한다.

"그는 마지막 테스트에 직면했습니다. 모든 남자와 여자가 결국 마

* 미국의 배우이자 스탠드업 코미디언.

지막 테스트를 치러야 하기 때문이지요. 마지막 테스트는 여러분이 죽음에서 살아남을 수 있느냐입니다. 이것은 여러분이 날 때부터 운명지어진 테스트입니다. 지금까지 우리가 아는 사람은 아무도 그 테스트를 통과하지 못했습니다."

우리는 매일 TV에서 마지막 테스트를 지켜본다. 긴급 환자로 넘쳐나는 응급실, 우쭐해하는 경찰관의 무릎에 목이 눌려 차디찬 아스팔트 위에 얼굴을 처박힌 채 숨이 끊어질 때까지 괴로워하는 한 남자의 모습을 말이다.

두 경우 모두 미친 세상에서 온전한 정신으로 살아갈 방법을 시급하게 찾아야 할 때다. 게다가 우리가 자가 격리를 해야 할 때, 혼자서 또는 소중한 사람과 함께 격리된 채 살아야 한다면 온전한 정신으로 살기는 더욱더 어려울 것이다.

이제는 전과 달리 자기 내면의 악마와 평화롭게 지내야 할 때다. 우리 삶에서 무엇이 효과가 있고, 무엇이 효과가 없는지를 살펴보아야 할 때다. 다른 이와 우리의 관계가 건강한지, 건강하지 못한지를 점검해야 할 때다. 우리 내면의 목소리를 들어야 할 시간을 정말로 내야 할 때다.

우리가 마침내 세상으로 나갈 수 있는 기회가 찾아온다면, 우리가 계획적이고 의도적으로 바꿀 수 있는 대상에 집중하는 것이 얼마나 중요하겠는가? 또는 우리가 당장 바꿀 수 있는 것은 무엇이고, 시간이 더 필요한 일은 무엇인지를 이해하는 것이 얼마나 중요하겠는가? 바로 지금, 이 순간, 우리의 생각과 행동이 우리가 되고 싶은 모습과 일치하는지를 확인하는 것은 얼마나 중요한가?

통제 가능한 것을 통제하라. 아무리 말해도 지나치지 않다. 자기 마음을 통제할 사람은 자신뿐임을 절대 잊지 말기 바란다.

어떤 외부의 힘이 닥쳐오든, 자신의 기분을 통제하라.

4장

누가 기회에 응답할 것인가

톰 브래디가 미시간대학에 막 왔을 때는 확실히 우리가 알고 있던 톰 브래디가 아니었다. 그가 여기 온 후 첫 두 해 동안은 거의 벤치를 벗어나지 못했다. 대부분의 사람이 그를 알아보지도 못한 그해 여름 그는 급성충수염에 걸려 몸무게가 11kg이나 빠졌다. 톰을 선발한 쿼터백 코치는 떠나버렸고, 새로운 코치는 그의 몸집과 운동능력에 별다른 인상을 받지 못했다. 11kg이나 살이 빠진 톰은 빅 텐 풋볼* 경기는 고사하고 침대에서 간신히 몸을 일으킬 정도의 체격으로 보였으므로, 톰에 대한 평가는 조금도 나아지지 않았다.

톰은 미시간대학에 온 이후로 불행이 멈추지 않는다고 느꼈다. 그는 캘리포니아에 있는 학교로 전학까지 생각했다. 그때 나를 찾아왔다.

내 사무실에서 처음 본 톰 브래디는 저체중이었을 뿐만 아니라, 낙담하고 괴로워했으며 좌절에 휩싸여 있었다. 그는 햄릿처럼 궁극적인 존재의 위기에 도달해 있었다. 자기가 누구인지, 어디에 속해 있는지, 왜 그 먼 중서부까지 와서 벤치에 앉아 다른 쿼터백이 경기하는 모습을 보고만 있는지 이해하지 못했다.

그가 말했다. "코치들이 저를 믿어주지 않아요."

나는 잠시 그 말을 곱씹은 다음 대답했다. "네 말이 맞아. 코치들은 널 믿지 않아."

그는 약간 놀라는 듯 보였다. 예상한 격려가 담긴 조언이 아니었기 때문이다.

나는 말했다. **"네가 자신을 믿지 않는데, 코치들이 왜 너를 믿어야 하지?"**

톰은 당장 자리에서 일어나 밖으로 뛰쳐나갈 수도 있었지만, 자리에 그대로 앉아 있었다.

---

* 중서부 지역의 아이오와, 네브래스카부터 동부의 펜실베이니아까지 야구, 농구, 풋볼에서 뛰어난 전통이 있는 10개 대학을 빅 텐 콘퍼런스Big Ten Conference라고 불렀으나 현재는 다른 대학까지 합류하여 총 14곳이다.

"미안해, 톰. 난 네가 미시간대 선발이 되도록 도울 수 없어. 하지만 이건 도울 수 있지. 네가 미시간대 선발이 된다고 믿도록 도울 수는 있어."

톰은 계속 내 말에 귀를 기울였다.

"네가 자신을 믿는다면, 다른 사람들이 어떻게 생각하는지는 중요치 않아. 경기를 뛰든 벤치에 앉아 있든, 너 스스로 해낼 수 있고, 자격이 있고, 자신 있다고 믿어야만 해."

이렇게 NFL 역사상 최고의 쿼터백으로 손꼽힐 젊은이와의 인연이 시작되었다. 사람들은 요즘도 내게 종종 묻는다. "선생님은 알고 계셨어요?" 그가 일곱 차례나 슈퍼볼에서 우승하리라고 내가 미리 알았던 것처럼 말이다. 하지만 나는 톰 브래디가 최고 수준의 선수가 되기 위해, 미시간대학에서 선발 쿼터백이 되기 위해, 필요한 건 무엇이든 해내리라고 다짐했다는 건 확실히 알았다.

그의 결심과 가족의 아낌없는 지원 덕에 톰은 나의 조언 한마디 한마디를 모두 스펀지처럼 흡수했다. 그는 풋볼에 필요한 정신적인 능력도 키웠고, 공격 플레이와 전략만이 아니라 수비도 연구했다. 그는 곧 미국의 어느 수비 코치만큼 전략과 트렌드를 이해했다. 신체를 단련하는 데도 노력을 멈추지 않았고, 저녁마다 그만 연습하고 체육관을 나가달라고 부탁해야 하는 선수가 되었다.

"어이, 인제 집에 가서 좀 쉬라고."

그런데 나에게 가장 인상적인 점은 따로 있었다. 나의 조언이 그의 정신에 닿아, 그는 자신을 믿는 데 집중했고, 덕분에 미시간대학에서 쿼터백으로 뛸 준비를 할 수 있었다는 것이다. 톰은 중요한 진실을 알아냈다. 삶의 다른 면과 마찬가지로, 풋볼이라는 스포츠에서도 언젠가 경기에 출전할 날이 온다는 사실 말이다. 우리는 그날을 위해 우리의 마음과 몸과 정신을 확실히 준비하면 된다.

마침내 미시간대학에서 톰의 날이 왔다. 그는 1998년과 1999년에 25경기를 선발로 출전해 20승 5패를 기록했는데, 패스 거리가 5000야드(yd)*가 넘고 35번의 터치다운을 달성했다. 게다가 내가 본 최고의 볼 게임인 2000년 오렌지볼에서 그는 터치다운 네 번을 성공하며, 14점 차이로 뒤지고 있던 팀을 두 번이나 끌어올려 앨라배마대학을 무너뜨렸다.

그렇다면 미시간대학을 졸업한 후, 톰 브래드는 NFL에서 선발선수로 발탁되어 곧바로 최고의 쿼터백이 되었는가?

아니다. 그는 곧바로 영혼이 으스러질 듯한 실망감에 빠져들었다. 톰이 자기 이름이 호명되기를 간절히 기다리던 2000년

---

* 5000야드는 약 4.5km으로, 풋볼에서는 야드를 사용한다.

NFL 드래프트의 첫날이 아직도 기억난다.

그의 이름은 호명되지 않았다.

그날 밤 몹시 힘들어하는 톰의 목소리를 들으며 둘이 나누었던 대화가 기억난다. 그는 그날 밤 잠들기 위해 침대에서 뒤척여야 했고, 다음 날 겨우 몸을 일으켜야만 했다.

좋은 소식이 들려오기를 계속 기다리려면 그래야만 했다. 4차 지명이 시작되었고 곧 끝났다. 그다음에는 5차 지명이 있었다.

6차 지명이 되어서야 마침내 뉴잉글랜드 패트리어츠가 199번째로 톰 브래디를 지명했다. 그때 그는 사무실에서 처음 봤던 깡마른 소년으로, 벤치에 앉은 채 아무도 자기를 믿어주지 않는다고 생각하던 후보선수로 돌아갈 수도 있었다.

하지만 톰에게는 계획이 있었다.

훈련 캠프에서의 첫날, 그는 패트리어츠 구단주인 로버트 크라프트Robert Kraft에게 이런 말을 한 것으로 유명하다. "저를 뽑은 건 이 구단이 내린 결정 중 최고의 결정이 될 거예요." 그 후 훈련이 시작되었다. 미시간대학에서 다졌던 사고방식 덕에 언젠가는 기회가 찾아올 것을 알았기에, 때가 왔을 때 확실하게 보여줄 수 있도록 훈련에 임했다. 두 번째 시즌의 두 번째 경기에서 마침내 그는 부상당한 선발선수를 대신해 경기에 투입되었다. 그후 선발선수 자리를 다시는 빼앗기지 않고 팀을 슈퍼볼까지 끌고 가, 슈퍼볼에서 우승한 최연소 쿼터백이 되었다. 그리고 내가 이 책을 쓰고 있는 동안 그는 새로운 팀을 2021년 슈퍼볼까지 데려가 결국 우승한 최고령 쿼터백이 되었다!

사람들은 운에 관해 쉽게 말한다. 나는 기회가 문을 두드릴 때, 그리고 우리가 그 기회를 최대한 활용할 준비가 되었을 때 운이 찾아온다고 생각한다.

그렇지 못하면 문제에 빠진다. 당신에게 일어나는 일이 무엇이든 그게 단지 '행운'이나 '불운'의 문제라고 생각한다면, 장애물을 만날 때마다 자신이 통제할 수 없는 일이라고 생각할 것이다. "난 운명의 피해자야!"라고 되뇌이며 장애물을 피해갈 것이다.

누구든 그런 사람이 되고 싶지는 않을 것이다. 장애물을 또 하나의 기회라고 여기는 사람이 되고 싶을 것이다. 성공을 위해 연습과 훈련을 반복하면 올바른 사고방식을 갖출 수 있고, 힘든 시기를 목표에 한 발 더 다가가는 귀중한 시기로 여기게 되리라고 믿고 싶을 것이다.

준비를 갖추고 기회가 찾아왔을 때, 우리는 무엇이든 해낼 수 있다. 기회를 위해 준비하는 것은 복권과도 같은 허망한 기회를 그저 바라고 희망하고 내기하는 것보다 백번 낫다.

궁극적으로 운보다는 더 큰 무언가를 믿어야만 한다. 목표를 세우는 데 집중해야 한다. 그리고 기회가 노크할 때를 대비해 준비가 되어 있어야 하고, 자기가 하는 모든 일에 계획적이고 의도적인 사람이 될 수 있도록 결단력을 갖추어야 한다.

기회는 노크할 것이다. 내가 보장한다. 누가 그 기회에 응답할 것인가?

5장

크게 꿈꾸고, 크게 믿고,
크게 되어라

내 사무실 문밖에 놓인 카펫은 불만 어린 젊은 운동선수들의 발길로 닳고 있다. 그들은 출전 시간이 불만이고, 코치들이 자기를 믿어주지 않는 게 불만이다. (톰 브래디가 기억나는가?) 그들은 모든 일에 불만이다.

1989년 여름 캠프가 끝날 무렵, 역대 가장 불만이 가득한 운동선수를 만났다. 바로 데즈먼드 하워드라는 풋볼팀의 어린 리시버*였다.

대부분은 모르는 사실이지만, 데즈먼드는 고등학교 때 러닝백이었고 당시 그의 별명은 '매직'이었다. 경기장에서 수비수를 마법처럼 제쳤기 때문이기도 했지만, 소문에 따르면 농구 실력도 아주 뛰어났다. 그래서 그의 영웅인 LA 레이커스의 스타, 매직 존슨Magic Johnson의 이름을 따와 사람들은 그를 '매직'이라고 불렀다.

하지만 미시간대학 풋볼팀에서 2년을 보낸 후, 데즈먼드는 더 이상 매직을 보여주지 못했다. 심지어 이제는 러닝백도 아니었다. 결국 여름 캠프가 끝난 어느 날, 그는 내게 얘기를 좀 나눌 수 있는지 물었다.

그날 내가 몰랐던 사실은 데즈먼드 하워드가 캠퍼스에 처음 발을 들였을 때부터 1년 넘도록 조심스럽게 나를 살펴보고 있었다는 점이었다. 그날은 마침내 위험을 감수하고 나한테 모든 걸 털어놓은 후 내 생각이 어떤지 알아보기로 했다는 것이다. (스스로 도움을 요청한 선수가 내가 먼저 만나자고 한 선수보다 대체로 변화가 크다는 사실을 알리기에는 이 대목이 안성맞춤이다.)

데즈먼드는 자리에 앉자마자 풋볼에 품었던 큰 꿈, 아직 실현하지 못한 목표부터 털어놓았다. 팀에서 지낸 지 1년 6개월이 흐른 후, 데즈먼드는 뻔한 '지리적 치료법'을 시행할 때라고 생각

* 풋볼은 공수 11명으로 구성되는데, 공격팀에는 라인맨 다섯 명(센터 한 명을 중심으로 양쪽에 각각 두 명의 가드와 태클이 있다), 쿼터백 한 명, 러닝백 두 명, 리시버 세 명으로 구성된다. 수비팀은 네다섯 명의 수비 라인맨, 서너 명의 라인배커, 두세 명의 디펜시브백으로 구성된다.

했다. '지리적 치료법'이란 다른 팀으로 옮기면(다른 직장으로 옮기고, 다른 도시로 이사하면) 모든 일이 하루아침에 잘될 것이라는 믿음에 기대는 것으로, 자기 자신은 아무것도 바뀌지 않은 채 그냥 짐을 싸서 옮기기만 하면 어떻게든 마법처럼 모든 일이 해결되리라 생각한 것이다.

데즈먼드는 이 생각에 관해 꽤 진지하게 내 의견을 물었다. 나는 대답했다.

"지금으로서는 네가 아무리 실력이 좋다고 말해도, 그 주장을 뒷받침할 증거를 보여주지 못했어. 지금 이 상황에서 네가 떠나면, 누가 눈곱만큼이라도 너를 신경 쓸까?"

이야기를 듣고 그는 곧장 일어나 문밖으로 나갈 수도 있었지만, 그러지 않았다.

"지금은 7월이야. 어쨌든 다른 팀에 들어가기에는 너무 늦었다는 얘기지. 네가 적어도 1년은 여기서 지낼 확률이 높다는 현실을 받아들인다면, 나는 그 시간을 활용해 네가 팀에서 최고의 선수라는 입지를 다지도록 도와줄 거야."

그는 계속 내 말에 귀를 기울였다.

"네가 정말로 자신을 믿는다면, 상황을 바꿀 방법이 딱 하나 있어. 모든 걸 다르게 해야만 해. 모든 걸. 다르게 걷고, 다르게 말하고, 다르게 훈련하고, 다르게 플레이해야 해. 게다가 다른 사람들이 널 어떻게 생각하는지는 신경 쓰지 말아야 해. 코치가 너를 믿는다면, 좋은 일이지! 하지만 코치가 널 믿지 않는 것 같아도, 거기에 정신을 팔아서는 안 돼. 네가 자신을 믿는 게 중요한 거야."

그는 내 말 한마디 한마디를 곱씹으며, 마치 슈퍼컴퓨터처럼 받아들였다.

"넌 한 가지 초점에만 집중해야 해. 확신에 차 있어야 하고, 너만의 레이스를 뛰어야 해. **100%의 시간과 100%의 노력을 쏟아붓고, 자신을 믿어야만 해.**"

오랜 세월이 흐르고, 아주 많은 일을 겪은 후에도 건재한 우리의 우정은 이렇게 시작되었다.

"크게 꿈꾸는 것만으로는 충분치 않아. 크게 꿈꾸기는 쉽지. 크게 된다고 크게 믿어야만 해."

그래서 데즈먼드 하워드는 그렇게 했다. 자존심을 제쳐두고—탁월한 재능이 있는 선수에게는 쉽지 않은 일이다—나를 신뢰했다. 망설임 없이 내가 그에게 제시한 성공 공식을 믿었다.

하지만 그는 생각보다 많은 것을 원했다. 계속 다음, 그다음 단계로 나아갈 수 있게 도와달라고 요구했다. 절대적인 최고가 되려고 그토록 단호하게 구상하고, 계획하고, 설계한 후 결국 모든 일을 해내는 젊은이를 나는 본 적이 없었다. 진정으로 자신을 객관화하고 자신의 신체적·정신적·영적인 강점과 약점을 바라보는 젊은이를 본 적이 없었다. 그는 경기장 안팎에서 보이는 모든 움직임에 관해 솔직한 피드백과 비평을 요구했다. 그에게는 최고가 되겠다는, 성장하겠다는, 다른 선수를 제치고 앞으로 나아가겠다는 목마름이 있었다.

솔직하게 말하겠다. 스무 살의 데즈먼드 하워드는 다른 사람의 성공과 실패를 연구하고, 그것을 한 겹 한 겹 벗겨서, 무엇이 효과가 있고 없는지 그 미스터리를 푸는 데는 내가 만나본 사람 중 가장 집요했다.

그는 단지 꿈만 크게 꾸지 않았다. 강하게 믿었고, 목표를 위해 해야 할 일을 신중하고 의도적으로 실행하는 법을 배웠다. 데즈먼드는 내가 삶에서 가장 중요하게 여긴 사명을 믿어준 최초의 선수이자, 궁극적으로 가장 성공한 선수였다. 그 사명은 자신에 관해 세계 최고의 전문가가 되는 법을 사람들에게 가르치는 일이었다. 게다가 데즈먼드는 풋볼을 하든, 하지 않든, 자기 삶은 놀라울 것이라고 믿기 시작했다(풋볼이 그의 전부가 아닌 그가 하는 일이 되자, 대부분의 선수를 뛰어넘었다). 그저 할 수 있는 한 최고의 데즈먼드 하워드가 되는 것, 그것에만 집착했다.

데즈먼드는 계속 발전하여 미국에서 최고의 대학 풋볼 선수가 되었고, 1991년에 하이즈먼 트로피를 받았다. 그리고 세월은 화살처럼 흘러 6년이 지났다. 데즈먼드는 슈퍼볼 XXXI[*]에서 그린베이 패커스팀을 위해 킥오프와 펀트 리턴^{**} 스페셜팀 선수로 출전할 예정이었다.

게임 전날, 나는 뉴올리언스로 향하고 있었다. "우리가 슈퍼볼에 진출하면, 선생님이 꼭 그 자리에 계셔야 해요"라면서 데즈먼드는 내게 약속을 받아냈다. 나는 데즈먼드가 묵은 호텔에 있었는데, 그는 인생에서 가장 큰 경기를 준비하고 있었다. 그의 기분은 고조되고, 열의에 불타올랐으며, 들떠서 당장이라도 출전할 기세였다.

그가 말했다. "내일은 터치다운으로 득점할 겁니다. 아마 두 번 정도요."

나는 생각했다. '좋아. 경기에 임할 마음의 준비를 단단히 했구나.' 그리고 당연히 좋은 결과를 예상했다.

그는 다음 날 결전을 벌일 뉴잉글랜드 패트리어츠에 관해 말했다. "상대 팀을 연구했어요. 그들은 스페셜팀을 어떻게 수비해야 하는지 몰라요. 스페셜팀이 필요한 때가 오면 우리가 완전히

---

*　슈퍼볼은 회차 표기를 로마자로 고집하고 있고, 슈퍼볼 50회만 'Super Bowl L'이라고 표기하면 ㅣ이 반복되어 혼란을 초래한다며 예외적으로 '슈퍼볼 50'을 인정했다.
**　상대방이 길게 펀트한 공을 잡아 자기 팀의 골대를 향해 달려오는 전략이다.

장악할 겁니다."

다음 날 데즈먼드 하워드는 슈퍼볼 역사상 가장 긴 리턴 야드 기록을 세우며 팀을 경기 내내 유리한 고지에 올려놓았고, 99야드의 킥오프 리턴으로 승부를 확정짓는 득점을 올렸다. 그는 슈퍼볼 MVP에 뽑힌 최초의 리턴 스페셜팀 선수가 되었다.

나는 한 남자의 삶에서 6년을 사이에 둔 두 번의 특별한 날을 보았다. 첫째 날에 나는 그에게 크게 꿈꾸고 강하게 믿으라고 요구했다. 자신을 믿고, 신이 주신 능력을 믿고, 더불어 올바른 사고방식을 확립한다면 그 능력으로 멀리 갈 수 있음을 믿으라고 말했다.

6년 후, 둘째 날에 그는 훨씬 크게 꿈꾸고, 훨씬 강하게 믿고 있었다. 이번에는 자신뿐 아니라 자기 팀도 믿었다. 더구나 그는 정신훈련에 쏟아부은 온갖 노력을 모든 시청자가 볼 수 있으리라고 내게 말했다. 정말 대단하지 않은가!

그의 꿈은 몽상이 아니었고, 그의 믿음은 근거를 기반으로 했다. 즉 자기가 쏟아부은 노력과 준비, 거기에 자신을 둘러싼 조직 전체의 노력과 준비 위에 믿음을 쌓아올렸다. 그는 구상하고, 계획하고, 설계하고, 꿈꿨으며 자신의 팀이 자신을 새로운 지위로 올려놓으리라고 진심으로 믿었다.

그리고 정확히 그 일은 일어났다.

NFL에서 11번의 시즌을 마친 후에, 그는 ESPN의 프로그램 〈칼리지 게임데이〉의 해설자를 뽑는 오디션을 봤다. 그 자리를 차지하는 데 엄청난 노력과 준비를 쏟아부은 결과, 우리는 토요일 아침마다 데즈먼드를 볼 수 있게 되었다. 여전히 데즈먼드는 내게 전화해서 솔직한 피드백을 원한다. 계속 성장하고, 개선하고, 최고 수준의 자신이 되고 싶은 목마름이 여전하기 때문이다.

그는 여전히 크게 꿈꾸고 강하게 믿고 있다.

나는 건강에는 신체적·정신적·영적 건강이라는 세 단계가 있다고 믿는다. 영적 건강이라 함은 단지 종교 집단을 향한 열정이 아니다. 내면 깊숙한 곳—그것을 내면의 핵심, 정신, 영혼 등 뭐라고 부르든—에 있는 무언가를 활용하는 법이다. 각자 뭐라고 정의하든, 내가 말하는 믿음은 바로 거기에 있다. (데즈먼드 하워드에게 자신감은 항상 그의 신앙을 근거로 했고, 신앙 덕분에 점차 강해졌다. 그는 자기가 '축복을 받아 뛰어난 재능을 타고났으며', '자신에게 대항하는 어떤 무기도 성공하지 못하리라「이사야 54:17」라는 신념이 있었다.)

예를 들어, 계약을 성사하지 못할 상황에 처했다고 해보자. 그런데 난데없이 그 상황에 딱 알맞고 필요한 말이 튀어나와 또하나의 기어를 발동해 계약을 달성하는 경우가 있다. 혹은 경기에 절대로 지지 않겠다고 결심하고서 팀원들을 바라보며 말할 수도 있다.

"우린 상황을 뒤집을 준비가 됐어."

나는 사고를 초월하는 우리 내면의 일부, 그 자원을 활용하는 능력을 말하고 있다. 우리 모두 그래본 적이 있고, 그런 사례를 본 적도 있다. 신념은 증거를 넘어선 믿음이다. 신념은 우리 생각보다 더 깊이 자리 잡고 있다. 이기든, 지든, 비기든 자신의 전부를 쏟아부으려면, 자신에게 의미가 있는 확고한 신념이 필요하다. 가끔은 그 신념이 경기에 이길 유일한 방법이거나 계약을 따낼 유일한 방법, 또는 새로운 수준의 탁월함에 도달할 유일한 방법이다.

그래서 묻고 싶다. 당신의 큰 꿈은 무엇인가?

무엇을 믿고, 무엇이 될 것인가?

데즈먼드 하워드Desmond Howard

데즈먼드 하워드는 1991년에 하이즈먼 트로피를 받았고, NFL에서 11시즌을 출전했으며, 슈퍼볼 XXXI에서 MVP로 선정되었다. 현재는 ESPN의 〈칼리지 게임데이〉에서 분석가로 활동 중이다.

**"그레그 하든이 미시간대학에 없었다면,
나는 하이즈먼 트로피를 받지 못했을 겁니다."**

그레그가 내게 가르쳐준 것을 모두 말로 옮기기는 어렵다. 그는 나와 다른 많은 이에게 큰 그림을 보는 법을 알려줬다고 생각한다. 그는 사람들에게 자기 한계 너머를 보라고 가르친다. 동시에 자기 내면을 들여다보면서, 내면에 있는 위대함을 활용하라고 가르친다.

그렇게 하려면 정말로 사심이 없어야 한다. 삶에서 무엇이 효과가 있고, 효과가 없는지를 알려면 무엇보다 자신에게 솔직해야 한다.

그레그의 기본적인 가르침은 항상 자기 패배적 태도와 행동을 피해야 한다는 것이었다. 나는 그 가르침을 어떤 직업, 어떤 상황, 어떤 곤경에 처해 있든 평생 실천하고 있다.

또 다른 가르침은 준비의 중요성이다. 준비는 큰 그림을 추구하는 일의 일부다. 다음 경기만 보지 말고 그 너머를 보라는 것이다. 그는 내게 말했다.

"그냥 최고의 풋볼 선수가 되려고만 하지 마. 경기장에서 가장 지배적인 최고의 운동선수가 돼야 해. 올림픽 선수처럼 생각하고, 훈련하고, 그들처럼 되어야만 해. 네가 그렇게 생각하고 행동한다면, 팀에 있는 다른 선수들과는 눈에 띄게 달라질 거야."

그래서 그렇게 자신을 단련했다. 그 정도로 준비하려면, 꽤 많은 전념과 헌신이 필요하다. 몸만 준비하는 게 아니다. 사실은 신체보다 정신적인 준비가 훨씬 더 많이 필요하다. 자신에게 요구하는 모든 일을 해내려면, 그에 맞는 정신까지 갖춰놔야 하기 때문이다.

나는 육체적 준비와 똑같이 정신적 준비에도 집중했고, 은퇴한 후에도 무슨 일을 하든 그래왔다. 내가 하는 모든 일에 나는 그레그에게 배운 삶의 교훈을 적용한다.

여러분이 무엇을 하든—어떤 스포츠, 어떤 직업, 삶의 어떤 부분이든—항상 더 잘하고 싶어야 한다. 현재의 위치에 절대 만족하지 마라. 월계관에 절대 안주하지 마라. '그만하면 됐다'라고 생각하며 절대 자만하지 마라. 그러려면 가끔은 정말로 존경하는 누군가, 나에게 솔직한 피드백을 줄 사람을 찾아야 한다. 삶에서 그런 사람을 찾았다면, 진정한 축복이다!

내 경우에는 모든 것이 태도에서 시작되었다. 태도가 올바르지 않다면, 행동도 태도를 따라가서 절대 높은 수준의 성과를 올릴 수 없다. 이는 스포츠에서만이 아니라, 다른 모든 일에 적용된다. 학문적으로나 사회적으로 높은 성과를 올리려면 자신의 사고방식부터 통제해야 한다.

자신을 보는 방식, 매일 주변 상황을 보는 방식이 모든 것을 결정할 것이다. 지금의 방법이 통하지 않는다면 다른 렌즈로, 다른 관점으로 바꿔야 한다.

무슨 일을 하든, 결국 관건은 재능이 아니다. 자기 머릿속에서 무슨 일이 일어나고 있는지가 관건이다.

우리는 매일 아침 오늘은 어제와 같지 않으리라

결심할 수 있는 유일한 생명체다.

6장

성공은 어떤 모습일까?

2004년 나는 마이클 펠프스를 처음 만났다. 당시 열아홉 살의 소년은 아테네 올림픽에서 금메달 여섯 개와 동메달 두 개를 안고 집으로 막 돌아온 참이었다. 오랫동안 그의 코치였던 밥 보먼이 미시간대학의 새로운 수영 코치직을 수락한 때였다. 사실 내가 그 계약이 성사되도록 도왔고, 이후에는 수영 프로그램을 감독했다. 무슨 일이 일어날지 전혀 모른 채 말이다. 펠프스는 보먼을 따라 미시간대학이 있는 앤 아버Ann Arbor로 와서 보조 코치를 자원해 수영팀을 돕는 한편, 2008년 베이징 올림픽을 위해 미시간대 풀장에서 훈련을 시작했다.

펠프스는 공식적인 미시간대학 선수는 아니었지만, 올림픽 챔피언이 자기 수영팀의 훈련을 돕겠다는데 거절할 사람이 있을까?

밥과 나는 좋은 관계를 유지했고 자주 얘기를 나눴다. 그는 마이클 펠프스를 지도하는 일이 자기 경력에서 가장 큰 도전이었다고 털어놓았다. 그는 마이클이 열한 살 때부터 전담하여 지도했고, 마이클은 열다섯 살 때인 2000년 시드니 올림픽에 출전해 200m 접영에서 5위라는 성적을 거뒀다. 열아홉 살에 출전한 두 번째 올림픽에서는 금메달 여섯 개와 동메달 두 개를 목에 걸고 돌아왔다. 당시 밥과 8년간 훈련해온 마이클은 이미 미국에서 최고의 수영 선수였으며, 역대 최고가 될 가능성 또한 지니고 있었다.

그런데 밥과 마이클의 관계는 그리 좋지 않았다. 마이클은 감정 기복이 심했고, 반항심도 컸으며, 밥의 훈련 계획을 공개적으로 반대했다. 바로 전해 가을에는 음주운전으로 메릴랜드에서 체포되어 유죄선고를 받았는데, 18개월의 보호관찰 기간도 아직 끝나지 않은 시점이었다.

밥은 나에게 마이클과 상담해주기를 간절히 원했다. 하지만 상담을 강요할 수는 없었다. 면담은 마이클이 먼저 원해야만 했다. 아니면 적어도 그렇게 느껴져야만 했다. 그래서 밥에게 이르기를 마이클에게 내가 언제든 상담할 수 있다고 알려준 후, 자연스럽게 호기심을 갖게 하는 편이 낫겠다고 말했다.

며칠 후, 마이클이 내 사무실에 나타났다.

나는 그에게 말했다. "난 네가 겪고 있는 상황을 충분히 이해해."

그는 놀란 듯 보였다.

"넌 열한 살 때부터 훈련해왔잖아. 그러니 제대로 된 어린 시절을 보내지 못했을 거야."

나는 마이클이 어릴 때 부모님이 이혼했다는 사실을 알고 있었다. 그는 처음에는 메릴랜드에서, 이제는 미시간대에서 대부분의 시간을 밥과 훈련하며 지냈다. 또래 10대들이 비디오게임을 하고 여자친구와 데이트를 즐기거나 쇼핑몰에서 어울려 놀 때, 마이클은 수영장 레인의 한쪽 끝에서 다른 쪽 끝까지 나아가는 데 집중하고 있었다.

"약간의 반항은 자연스러운 일이지. 게다가 네 인생에서 부모 역할을 하는 밥 말고 네가 누구에게 대들며 반항하겠니?"

나는 마이클이 그 문제에 대해 생각하도록 시간을 주었다. 내 말이 그의 마음에 가닿았다는 것만은 알 수 있었다. 그는 나를 점점 신뢰하기 시작했고, 나는 그의 성장 과정을 이해했음을 보여주었다. 우리는 정기적으로 만나 이야기를 나누었고, 그러다 어느 시점에 나는 어조를 바꿨다. 그에게 삶에서 정말로 원하는 것이 무엇인지를 생각해보라고 말했다. 그는 이미 여섯 개의 금메달을 포함해 올림픽 메달을 여덟 개나 거머쥐었기 때문에—대부분이 꿈만 꾸는 성과이므로—그때라도 당장 수영을 그만둘 수 있었다. 다른 이가 보기에 그의 삶은 이미 성공한 삶이었다.

하지만 그에게는 아니었다. 이것이 내가 마이클 펠프스에 관해 알았던 한 가지였다. 다른 모든 것을 제쳐둘 만큼, 이 젊은이는 수영을 향한 열정이 있었다. 불타오르는 경쟁심은 그를 수영계에서 전례 없는 위치에까지 오르게 한 원동력이었다.

나는 그에게 말했다. "넌 이미 잘하지만, 우린 네가 얼마나 더 잘할 수 있는지는 몰라. 넌 아직 100%의 시간과 100%의 노력을 쏟아붓지는 않았으니까."

평생을 훈련에 바친 운동선수에게, 그것도 이미 세계 최고의 수영 선수임이 입증된 선수에게 이렇게 말하는 건 미친 짓이었다. 하지만 그는 나와 논쟁하지 않았다.

"네가 정말로 반항심을 멈추고 100%를 쏟아붓기 시작하면, 결과가 어떨지 신은 알고 계실 거야."

물론 몇 차례의 면담으로 마이클 펠프스가 삶의 방향을 돌렸다고 주장하는 것은 아니다. 하지만 나는 그를 이해시켰다. 그날 자기 목표에 관해, 삶에서 정말로 성취하고 싶은 것에 관해 생각하도록 시간을 주었다. 지금은 모두가 알겠지만, 마이클은 2008년 베이징 올림픽에 출전해 금메달 여덟 개를 목에 거는 대기록을 세웠다. 끊임없이 최고의 수영 선수가 되는 데 몰입한 결과, 그는 역대 최다 메달을 딴 올림픽 선수라는 역사를 새로 썼다. 그가 딴 올림픽 메달은 28개였고, 그중 금메달이 23개였다.

그는 스포츠계를 떠난 후에도 개인적 사명을 다하고 있다. 그는 기회가 있을 때마다 정신건강 문제에 관해 강연하고, 주변 모두에게 가끔은 '괜찮지 않아도 괜찮다'는 사실을, 누구나 삶에서 도움을 청해야 할 시점이 있다는 사실을 전하고 있다.

그가 이룬 모든 위업을 돌아보면서, 나는 누구보다도 그의 삶이 성공적이라고 말할 수 있다. 그는 멋진 가족을 꾸렸고, 특출한 사업가가 되었다. 게다가 정신건강에 관한 인식을 바꾸는 데 앞장선 그의 헌신을 보면 진정한 게임 체인저game changer*라고 할 만하다.

수년간 세미나와 워크숍에서 수천 명에게 던졌던 질문을 이제 당신에게 묻겠다. **당신에게 성공은 어떤 모습인가?**

첫 번째 대답은 보통 예상할 수 있다. 돈, 권력, 명예. 나는

---

* 상황 전개를 완전히 바꿔놓는 사람이나 아이디어 혹은 사건을 말한다.

절대 그 답이 충분하다고 생각하지 않는다. 너무 쉬운 답이고, 절반쯤은 우리가 그렇게 생각하도록 주입된 답변일 뿐이다. '내가 돈이 있다면, 권력이 있다면, 명예가 있다면 나는 성공한 것이다. 그러면 난 행복할 것이다.'

나는 사람들에게 더 깊이 들어가길 요구한다. 자기만의 성공을 정의해 더 생생하고 더 자세히 묘사하라고 요구한다. 성공이 자신에게 어떻게 느껴지고, 어떻게 들리고, 어떤 냄새와 맛이 나는지를 설명하라고 재차 묻는다.

사람들에게 그 문제를 진지하게 생각하도록 시간을 준 후 되돌아오는 답은 훨씬 더 의미가 있다. 성공한 삶은 스스로 세운 개인적 목표를 달성했느냐의 문제다. 그 목표에 도달할 동기부여와 에너지는 타인의 기대나 기업 광고에나 등장할 법한 달콤한 유혹 같은 외부 요인보다는 자신의 깊은 내면에서 이끌어내야 한다. 자신의 영혼에서 우러나와야 한다.

우리가 삶에서 올바른 길로 향하고 있다면, 내면에서 평화로움을 느낄 수 있다. 그 방식으로 우리는 올바른 길에 들어섰음을 안다. 우리의 마음과 정신, 영혼이 자신에게 말해주기 때문이다.

그 길을 따라 걸을 때, 우리 삶의 목표는 북쪽을 가리키는 나침반 역할을 한다. 목표를 충족하느냐가 발전 척도가 되고, 목표가 삶의 근원적 목적과 결을 같이하는 한 누구나 더 큰 성공을 거두게 될 것이다. 이것이 목표와 삶의 근원적 목적 간의 진정한 관계다. 둘 중 하나만으로는 의미가 없다.

겉보기에는 대단히 '목표 지향적'으로 보이지만, 남들의 기대를 동력으로 움직이면서 목표를 근원적 목적과는 연결하지 못하는 이들을 나는 많이 만났다. 이들은 항상 일을 끝내는 데만 초점을 두고 있는데, 과연 올바른 일일까? 그들은 더 의미 있고 성취감 있는 방향으로 에너지를 쏟아붓고 있는 걸까? 스티븐 코비 Stephen Covey는《성공하는 사람들의 7가지 습관The 7 Habits of Highly Effective People》에서 모든 일을 추진하는 원동력이 무엇이어야 하는지를 강조한다. 자신의 목적을 먼저 이해하고, 그 목적을 목표와 나란히 하지 않고서는 진정으로 성공할 수 없고, 생산적이며 성취감을 느끼는 사람이 될 수 없다.

다음 장으로 들어가기 전에, 나는 당신이 잠시 시간을 내어 삶의 목적을 떠올렸으면 한다. 다른 누구의 삶도 아닌 자신의 삶이다. 삶의 목적은 위대한 계시나 황무지에서 불타는 떨기나무*로 나타나지는 않을 것이다. 대부분에게 삶의 목적은 잘 쓰인 글처럼, 시간이 흐른 후에야 선명하게 드러난다. 삶의 목적을 깨닫는 비결은 자신에게 귀를 기울이고 내면의 목소리를 따라가는 것이다.

---

* 「출애굽기 3:2~4」에 등장하는 떨기나무는 불이 붙었으나 타지 않는 나무로, 모세에게 내린 신의 계시를 의미한다.

당신의 목적은 무엇인가?

그다음에는 그 위에 자신만의 성공을 정의해 쌓아올려라.

한걸음 물러나 좀 더 기본적인 질문을 해보자. 성공을 성취할 동기는 어디에서 오는가? 우리가 자기만의 성공을 분명히 정의했다고 해도, 꾸준히 목표를 세우고 그것을 성취하기 위해 고된 노력을 쏟아부을 동기는 어디에서 끌어오는가?

음식과 주거지와 안전을 위한 우리의 기본적이고 생물학적 욕구 외에도, 나는 우리의 '감정적 욕구'가 행동을 유발하는 가장 강력한 원동력이라고 믿는다. 또한 감정적 욕구를 충족할 근본적 권리가 우리 모두에게 있다고 주장한다. 핵심은 감정적 욕구와 목표가 충돌하지 않고 조화를 이루면서, 감정적 욕구를 충족할 방법을 찾는 데 있다.

자신만의 성공을 정의해보자는 주제로 열린 세미나와 워크숍에서 나는 감정적 욕구를 충족할 방법을 소개하기도 한다. 이때 나는 아주 간단한 질문을 던진다.

"삶을 제대로 돌아가게 하려면 누구에게나 필요한 게 뭘까요?"

수년간 내가 받은 응답을 요약해보니 '4A'라고 부르는 감정적 욕구와 일치했다.

첫째는 **관심**Attention이다. 우리 모두, 적어도 친구들과 사랑하는 사람들의 관심이 필요하다. 관심 부족은 고립으로 이어지고,

오래 고립되면 우울하고 위축되기 마련이다. 관심받으려는 근본적 욕구는 아이들에게서 자주 보인다. 부모를 비롯한 양육자의 관심은 정상적인 정서와 정신 발달을 위해 반드시 필요하다. 남들에게 받는 관심에 지나치게 의존해서, 부정적인 관심이라도 받으려고 비이성적인 행동을 하는 경우도 있지만 말이다. 관심은 근본적인 존재의 차원으로 이어진다. '어떻게든 사람들에게 내가 존재함을 알려야 해.'

둘째는 **애정**Affection이다. 심리학을 전공한 학생이라면 어린 원숭이를 대상으로 한 '가짜 엄마' 실험을 알고 있을 것이다. 첫 번째 엄마는 먹이가 나오는 차가운 철제 우리였고, 두 번째 엄마는 어린 원숭이가 '애정'을 느낄 수 있게 양털로 덮고 전구를 밝혀둔 우리였다. 원숭이들은 먹이가 필요할 때만 철제 엄마에게로 갔다. 갇혀 있는 내내 원숭이들은 양털로 감싼 엄마에게 매달려 있었다. 원숭이들에게 절실한 건 음식보다 양털로 덮인 엄마가 제공하는 애정인 것이 분명했다.

훨씬 더 극적인 차이는, 같은 양의 음식을 받아도 애정―양털과 전구로 만든 인공적인 애정이라 해도―을 전혀 받지 못한 어린 원숭이 그룹은 발달이 심각하게 저해되었다는 점이다. 그들의 뇌와 척추와 내부 장기는 온전한 크기로 발달하지 못했다.

비극적이게도 우리는 주변에서 이런 현상을 종종 본다. 건강한 사랑을 받지 못하고 성장한 아이들은 정서적으로 억눌리고 제역할을 하지 못하는 어른이 된다. 애정은 살면서 운이 좋으면 얻을 수도 있는, 따뜻하고 솜털이 보송보송한 물건이 아니다. 애정은 음식과 물처럼 우리에게 필수적인 요소다.

셋째는 **인정**Approval이다. 우리는 스스로를 독립적인 인간으로 여기고 싶겠지만, 솔직히 말해 인정 욕구는 세상에서 가장 강력한 원동력이다. 인정 욕구는 어릴 때 특히 강렬하다. 그런데 인정이 어떻게 조건부 사랑으로 변하는지도 떠올려보라.

"네가 전 과목에서 A를 받으면, 난 네가 너무 자랑스러울 거야." "네가 얌전히 굴면." "네가 방을 청소하면." 특히 아버지들은 이런 말을 자주 한다. "네가 공을 잡으면, 100m를 뛰면, 슛에 성공하면…."

게다가 인정이 너무 많은 조건을 필요로 하거나, 조건을 충족하기에 거의 불가능하다면 인정 욕구는 불건전한 방식으로 표출될 수 있다. 약물중독자와 알코올중독자, 극단적 선택을 시도하는 젊은이의 삶을 거슬러 올라가면, 인정 욕구가 충족되지 못한 경우가 많다.

넷째는 **수용**Acceptance이다. 내가 이 욕구를 마지막으로 놓은 이유가 있다. 인정은 대개 조건부 사랑을 바탕으로 하지만, 수용은 정말로 무조건적이다. (이 내용이 궁금하다면, 16장 참조) 수용은 어머니 같은 사랑이자 신과 같은 사랑이다. 수용은 누구든, 무엇을 하든, 어떤 실수를 저질렀든 받아들이는 것이다. 중요한 점은 상대가 실수한 것이 아니고 그냥 다를 뿐이더라도 받아들이는 것이다. 우리는 무엇을 해야 하고, 어떻게 보여야 하고, 누구를 사랑해야 하는지와 같은 미리 형성된 관념에 순응하지 않을 수 있다. 결국 자아 수용이 중요한데, 자신을 있는 그대로 받아들임으로써 우리는 '마땅히 그래야 하는 것'으로부터 자신을 지킬 수 있다.

우리 모두 부모님과 사랑하는 이들에게서, 또는 사회로부터 수용되고 싶어 한다. 수용되지 못하면, 인정이라도 받기 위해서 무엇이든 할 것이다. 우리는 모두 수용을 원하지만, 가끔은 인정에 만족하기도 한다.

이 모두를 더해보자. 자기만의 삶의 목적이 무엇인지, 자신에게 성공은 실제로 어떤 모습일지를 곰곰이 생각해보자. 일단 이것을 받아들이면, 삶을 위한 이상적인 목표를 세울 수 있다.

자기 동기를 이해하는 것이 필수적이므로, 목적과 목표를 정할 때 '4A'를 명심하라. 기본적인 감정적 욕구를 충족하려는 인간의 욕구, 즉 동기를 알아내야 한다. 그래야만 스스로 세운 목표를 성취하는 데 어떤 태도와 행동이 도움이 될지, 또는 방해가 될지를 이해할 수 있다.

7장

왼쪽 어깨에 앉은 악마:

자기 패배적 태도와 행동

고백하자면 나는 이번 장을 절대 건너뛰지 못하도록 '이 책에서 가장 재미있는 장'으로 제목을 지을까 고민했다. 하지만 당신이 여기까지 잘 따라왔으리라고(특히 6장을 읽었으리라고), 그리고 이제 이번 주제까지 잘 따라올 것으로 생각하기로 했다. (이전 장을 읽지 못했다면, 앞으로 돌아가 읽고 오길 바란다.)

여기서 우리가 다룰 주제는 이렇다. 삶의 목적을 인식했고 자신에게 맞는 성공을 정의했다면, 이제는 성공으로 가는 길에서 랜드마크가 될 실현 가능한 목표를 설정해야 한다는 것이다. 우리 모두가 지닌 감정적 욕구를 떠올려보길 바란다. 우리는 감정적 욕구가 음식, 집, 안전만큼 우리의 행복에 필수적인 관심Attention, 애정Affection, 인정Approval, 수용-Acceptance을 의미하는 '4A'임을 확인했다. 어떻게 이 감정적 욕구를 충족할 수 있을지 떠올려보라고도 했다(우리 모두 그래야만 한다). 자신의 목표와 조화를 이루면서, 우리를 도랑으로 빠뜨리지 않고 성공으로 가는 올바른 길로 올려놓을 방법이 필요하다고 했다.

내가 사무실에서 마주한 사람 중 가장 인상적인 사람은 에바 콜Eva Cole이라는 여성이었다. 에바는 중국 본토에서 미국으로 건너온 지 얼마 되지 않았는데, 중국에서 보낸 어린 시절의 이야기는 온몸에 소름이 돋을 정도였다.

에바는 전통적인 중국 가정에서 여성으로서 수많은 트라우마를 겪으며 지냈다. 그녀는 엄격하게 규정된 여성의 역할에 반항했고, 그녀가 내렸던 수많은 결정을 두고 형제자매에게 심한 비난을 받았다. 에바가 참다 못해 가족을 떠나 미국으로 오게 된 이유다.

에바는 강력한 동기로 움직이는 사람이었는데, 그녀에게 주어진 삶에서 지금의 위치까지 오려면 그래야만 했다. 게다가 그녀는 모두에게 좋은 친구였고, 좋은 엄마였다. 어느 모로 보나, 그녀는 칭찬할 만한 삶을 살고 있었다.

하지만 에바는 아직 치유되지 않은 감정적 상처도 여전히 품고 있었다. 고향에서 어린 시절의 기억으로 여전히 괴로워했고, 가끔 소모적이고 압도적인 슬픔에 빠져드는 위협을 느끼기도 했다.

나는 여러 달을 그녀와 상담하면서, 마음속의 언어에 귀를 기울일 것을 당부했다. 이제는 어른이 되었으므로 어린 시절의 경험을 재구성하고 재해석하는 방법도 가르쳤다. 하지만 우리는 계속 막다른 골목에 다다랐다. 이제는 불안감에 대처하는 좀 더 효과적인 접근법을 알려줄 다른 전문가를 찾아보라고 제안하려던 참이었다. 다만 그전에 하나만 더 시도해보기로 마음먹었다.

그건 그렇고, 에바의 키는 160cm, 몸집은 바람에 날아갈 정도로 가냘프다고 내가 말했던가? 그래서 내 결정은 매우 과격하게 보일 수도 있다. 내가 마지막으로 제안하려는 훈련은 체육관에서 시간을 대부분 보내는 남자 선수들을 위해 아껴둔 방법이기 때문이다.

나는 그녀에게 과거의 일을 계속 말하되, 이번에는 말하면서 서 있으라고 했다. 에바는 재미있다는 듯 나를 쳐다보면서 일어났다. 그녀는 일어선 채로, 살면서 행복을 느껴본 적이 없다고, 가족에게 한번도 인정받지 못했다고 말했다.

1분이 지난 후, 나는 그녀의 말을 가로막았다.

"당신이 앉아 있던 저 의자를 들 수 있겠어요?"

다시 한번 나를 흥미로운 눈길로 바라보던 그녀는 의자를 돌아보더니, 어깨를 으쓱하면서 말했다. "물론이죠. 들 수 있어요."

"그럼, 의자를 든 채로 계속 이야기해보세요."

그녀는 의자를 든 채 계속 얘기했다. 그녀의 입에서는 더 많은 고통과 불운이 흘러나왔고, 나는 다시 한번 그녀의 말을 멈췄다.

"혹시 의자를 머리 위로 들어올릴 수 있겠어요?"

그녀는 역경에 쉽게 물러서지 않는, 자존감이 강한 여자였기 때문에 "네"라고 대답했다. 에바가 의자를 머리 위로 들어올리자, 나는 계속 이야기하라고 했다. 에바는 잠시도 주저하지 않고, 자기가 얼마나 하찮게 느껴졌는지, 적극적으로 긍정적 사고를 하려고 얼마나 많이 노력했는지를 계속 토로했다.

2분 정도 관찰하자, 그녀의 팔이 떨리는 게 보였다. "에바, 의자가 무거워졌나요?"

그녀가 대답했다. "아니에요. 들 수 있어요."

"좋아요, 그럼 계속하세요."

그녀는 자신의 이야기를 계속했다. 자녀를 아무리 잘 키워도, 사업에서 성공을 거둬도, 다른 사람들을 돕고 격려해도, 그녀는 여전히 갇힌 기분이 들었고, 자신을 가치 있고 소중한 사람으로 여기려고 애를 써야 했다. 나는 경청하면서도 2분마다 대화를 잠깐 멈추고, 그녀가 불편하지 않은지를 물었다. 그녀는 계속 내 질문에 괜찮다고 말했다.

결국 의자는 그녀에게 버틸 수 없는 짐이 되었다. 그녀는 의자를 '쾅' 소리가 나게 내려놓고는 내 눈을 빤히 바라보며 물었다. "이건 말도 안 되는 짓이에요. 왜 내게 이런 걸 시키죠?"

"그 의자는 과거의 짐입니다. 당신은 어른이 된 후에도 내내 그걸 끌고 다녔어요. 어디를 가든, 어떤 인간관계에서든 말이죠. 어디든 짐을 들고 다니는 게 지겹지 않나요?"

특정 태도나 행동에 갇혀 자기 삶과 성공을 방해하는 사람을 만난 건 에바가 처음은 아니었다. 수년간 나는 자기 자신을 방해하는 태도와 행동에 대처하는 첫 단계로 그 태도와 행동을 인식하도록 도왔다. 그것을 **자기 패배적 태도와 행동**Self-Defeating Attitude and Behaviors이라고 하는데, 가끔은 줄여 'SDAB'라고도 부른다. 사람을 돕는 업계에 있거나, 인간 심리에 예리한 안목을 가진 사람이라면 이런 종류의 태도와 행동을 본 적이 있을 것이다. 운동 재능은 뛰어나지만 남들과 어울리는 기본적 능력이 부족해 자기 팀의 성공은 고사하고 자신의 성공조차 방해받는 선수, 공부에 재능이 있지만 친구들에게 '쿨하게' 보이려고 학업에 관심 없는 척하는 학생은 어떤가?

보통 SDAB는 확연히 드러난다. 하지만 '성공에 대한 두려움'

이 몸에 밴 사람에게서는 거의 눈에 띄지 않기도 한다. 이런 부류의 사람은 영리하게 위장하는 방식으로 자기 삶의 궤도에서 탈선한다. 그리고 SDAB는 항상 자신보다는 타인에게서 훨씬 잘 발견할 수 있다. 그래서 SDAB를 살펴보려면 무엇보다 자신에게 솔직해야 한다.

우리가 기억해야 할 요점이 있다. 첫 번째는 누구나 가끔은 부정적인 감정을 마주하거나 나도 모르게 부정적인 행동을 하게 된다는 점이다. 우리는 더 나은 자아를 외면하기도 하고, 자신이 어떤 사람이고 어떤 사람이 되고 싶은지에 관한 원대한 야망을 약화하는 감정이나 행동에 빠져들기도 한다.

두 번째 요점은 우리 모두 자기 경험을 재해석하고, 자신을 재정의하고, 재정비해서 자기 태도와 행동을 재조정할 힘이 있다는 것이다. 그럼에도 목표에 도달하는 길에 놓인 자기 패배적 태도와 행동—자기만의 성공을 정의하길 방해하고, 자기만의 삶의 목적을 달성할 수 없도록 하는 태도와 행동—을 떠올려보면, 그간 카운슬러로 일하며 수없이 봐온 다음 '유력 용의자'를 생각해보길 바란다.

과거의 짐 끌어안기

머리 위에 의자를 들고 서 있는 에바를 기억하자. 일반적으로 '짐'은 과거의 사건, 폭행, 모욕, 트라우마 등 과거에 일어난 일이 무엇이든 그것을 극복하지 못했을 때, 우리가 느끼는 무거운 부담이다.

- 아빠는 나를 사랑한다고 표현한 적이 없다. 그러므로 나는 사랑스럽지 않다.
- 내 형제자매가 늘 나보다 나은 대접을 받았다. 그들이 나에게는 고통과 좋지 않은 기억의 근원이므로 내 삶에서 그들이 사라졌으면 좋겠다.
- 사람들이 친절을 나약함으로 오해하는 경우를 봐왔으므로, 남들에게 존경받고 안전함을 느끼려면 극도로 공격적인 사람이 될 수밖에 없다.
- 누군가를 믿을 때마다 상처받았기 때문에, 이제 다시는 아무도 믿지 않겠다.

우리가 과거의 부정적 경험이나 끝내지 못한 일에 매달린다면, 머릿속에서는 늘 과거를 다시 재현하고 바로잡으려 하면서 시간 왜곡을 겪을 수밖에 없다. 이를 끊어낼 결단력이 없으면, 앞으로 나아가는 데 애를 먹는다.

자기 의심

우리 모두 한번쯤 자신의 능력과 진가, 가치를 의심할 수는 있다. 하지만 만성적 자기 의심은 심신을 피폐하게 만든다. 자기 의심의 뿌리는 대개 성장기의 경험으로 거슬러 올라간다. 어릴 적 우리는 누군가 혹은 무엇인가에 의해 자신의 부정적인 면을 믿도록 길들여졌을 수도 있다. 이렇게 비롯된 자기 의심은 불행을 부각하고 계속 자신과 싸우도록 한다. 자기 의심에 빠지면, 칭찬과 긍정적 피드백을 거부하면서 자신에 관한 타인의 인식을 항상 의심하게 된다.

지나친 일반화

지나친 일반화는 보통 어릴 때 학습한 신념으로, 주변 세상을 바라보는 방식을 제한하고 타인과의 관계를 해친다.

- 나는 여자가 어리석다고 생각한다.
- 나는 남자가 믿을 수 없다고 생각한다.
- 나는 특정한 인종이 열등하다고 생각한다.

이와 같은 편견은 개인으로서 우리의 성장을 가로막고, 세상에 대한 우리의 이해를 심각하게 제한한다. 이들 편견을 오래 붙

잡고 있을수록, 우리는 냉소적이고 부정적으로 변해, 편견에 어긋나는 현실은 아예 외면하려 할 것이다.

도움을 거부하는 고집

아버지가 가장 좋아하는 속담은 "내가 곰과 싸우고 있는 모습을 보면, 나를 돕지 말고 곰을 도와라!"였다. 어린 나는 이 말을 깊이 새겨들었고, 자기 의존과 단호한 개인주의가 매우 중요한 세상에서 성장하면서 이 말은 내 마음속에 강하게 뿌리내렸다. 하지만 절대 도움을 요청하지 않는 것은, 사실 깊은 불안감을 숨기려는 의도일 수 있다. 도움을 요청하는 행위는 나약함의 신호이며, 주변 사람은 아무도 나를 도울 수 없다는 잘못된 우월감에서 우러나온 사고일 수 있다. 곧 이런 태도는 직장과 학교에서, 스포츠 팀에서, 나아가 모든 인간관계에서 자신에게 항상 해를 끼친다.

내가 성인이 된 후 최고의 순간은 아버지에게 전화를 받았던 때였다(아버지가 나에게 전화를 하는 행위 자체가 흔한 일이 아니었다). 전화 통화로 스포츠와 정치 얘기를 잠시 나누다가 마침내 아버지가 용건을 꺼냈다.

"내가 전화한 이유는 너한테 조언을 구하기 위해서야. 네 도움이 필요하구나."

정말 굉장한 순간이었고, 아버지와의 관계를 새롭게 시작하는 획기적인 돌파구였다.

자기 잘못을 인정하지 않기

대부분의 사람이 이 문제를 안고 있다. '도움을 거부하는 고집'과 마찬가지로, 이런 태도는 자신의 나약함을 감추려고 강한 척하는 태도다. 나도 솔직히 그런 적이 여러 번 있었다고 인정한다. 아내와 한창 말씨름을 하던 중 '아내 말이 맞아!'라는 생각이 번득 스쳤다. 그 순간 언쟁을 끝내야 하지만, 대체로 그렇게 되지 않는다. 이미 나는 상대를 이기려는 생각에 너무 몰두했기 때문에 이제는 옳고 그름의 문제가 아닌 것이다. 어디서 많이 들어본 것 같지 않은가?

나는 옳은 것이 능사가 아님을 배워야만 했다. 부부 상담에서는 대체로 이런 질문을 던진다. "나를 만나러 온 목적이 뭡니까? 누가 옳은지를 증명하려는 건가요? 아니면 두 분의 관계를 돈독히 하려는 건가요?"

비판에 집착하기

상담교사로 일을 시작하고 얼마 되지 않았을 무렵, 한 중학교에서 전교생을 대상으로 강연한 적이 있다. 강연이 끝난 후, 나는 학교에 남아 학생 100명과 개별 면담을 했는데, 98명이 내 강연이 훌륭했다고 칭찬해줬고 두 명은 형편없다는 후기를 남겼다. 그후 며칠 동안 나는 어느 피드백에 집착했을까? 어떻게 우리는 한순간에 칭찬을 외면한 채 비판만을 받아들이고 심지어 집착할 수 있을까? 그다음 주가 되어서야 나는 자기 패배적 태도와 행동을 인식할 수 있었고, 인정을 갈망하는 패턴에 스스로 갇혀 있음을 알아차렸다. 나는 98%는 나쁜 점수가 아니라고 되뇌었다. 그리고 나머지 2%를 곱씹는 집착을 버렸다.

건강하지 못한 연인관계에 매달리기

사실상 고통과 불행 위에 세워진 연인관계가 있다. 양쪽 모두 불행하고, 둘 다 제 기능을 하지 못하는 관계에 몰두한다. 그들은 정말로 건강한 관계가 어떤 모습인지조차 모르기 때문이다. 어쩌면 한쪽이나 양쪽 모두 자신을 소중하게 여기지 않기 때문일지도 모른다. 그들은 자신이 더 나은 대접을 받을 자격이 없다고 생각하고, 건강하지 못한 관계의 연인이라도 혼자보다는 낫다는 생각을 떨쳐내지 못한다.

건강한 관계와 건강하지 않은 관계를 구분하는 능력은 말로 다 표현할 수 없을 만큼 귀중하다. 건강하지 못한 연인관계에서 벗어날 수 없다면, 반드시 도움을 요청하라.

부정적 자기 대화

부정적 자기 대화는 매일 자신에게 최악의 상황을 염두에 두어야 한다고 설득하면서 파괴적인 연료를 계속 들이붓는 행위다. 대개 부정적 자기 대화의 유형은 이렇다.

- 나는 행복해질 수 없다.
- 나는 성공할 자격이 없다.
- 내 앞에 놓인 어려움이 너무 커서 극복할 수 없다.
- 내 성격이 이 모양이니, 나를 바꾸기가 어렵다.
- 난 항상 기대보다 덜 받는다.
- 난 형편없다. 그러니 내 삶도 형편없다.
- 난 뭐든 할 수 없다.

이런 생각은 단지 습관이라기보다는 의례에 가깝다. 부정적 자기 대화는 주변 혹은 양육자의 영향일 수 있다. 한 세대에서 다음 세대로 이어지는 내면의 '구두 전통'일지 모른다. 가끔은 광고나 미디어, 대중문화라는 형태로 우리 뇌에 주입되기도 한다. 쾌락이나 위안을 얻기 위해 먹는 해로운 음식처럼, 익숙하다는 이유로 끊임없이 떠올릴 수도 있다(부정적인 면에 몰두하고 항상 최악을 기대한다면, 절대 실망하지 않는다). 나는 실망의 늪에 빠지지 않으려고 부정적 자기 대화에 의존하는 사람을 여럿 상담해왔다. 기대가 크지 않다면, 실패나 상실, 부정적 결과에 상처를 덜 받을 테니까.

여기서 묘사할 수 있는 자기 패배적 태도와 행동은 무수히 많다. 나는 그간 워크숍에서 대중과 소통하며 자기 패배적 태도와 행동을 수집해왔다. 몇 개만 언급하면 다음과 같다.

남 탓하기

증오하기

열등감 드러내기

화내기

지각하기

불평하기

자신을 남과 비교하기

타인 불신하기

할 일 미루기

돈 낭비하기

남 욕하기

우울함에 집착하기

절도

변명하기

진실 외면하기

은둔

복수심에 불타기

거짓말

시도조차 하지 않고 포기하기

시비 걸기

책임 회피하기

소문 퍼뜨리기

싸움

공부 외면하기

죄책감

바보처럼 행동하기

오만함

솔직한 감정 감추기

타인 밀어내기

수년간 약물과 알코올을 남용한 사람들을 상담한 사람으로서, 목록에 마지막 하나를 덧붙이겠다.

중독

나는 중독의 심리와 생리를 꽤 오래 들여다보았다고 자부한다. 그 결과 중독이 자기 패배적 태도와 행동만큼 강력한 파괴력을 지니고 있다고 확신한다. 중독은 약물, 알코올, 섹스, 도박을 포함해 조절하기 힘든 악습이다. 중독은 오류를 범하기 쉬운 우리 인간이 얼마나 자기 패배적 태도와 행동에 빠져들기 쉬운지를 적나라하게 보여준다.

6장에서 말한 감정적 욕구로 돌아가보자. 관심, 애정, 인정, 수용이라는 '4A'는 우리가 살아가는 데 있어 꼭 필요하다. 자기 패배적 태도와 행동의 힘이 강력한 이유, 즉 우리가 그것에 아주 강하게 집착하는 이유는 이러한 감정적 욕구를 잘못된 방식으로 충족하려 하기 때문이다.

생각해보자. 음식, 집, 안전만큼 우리에게 필수적인 감정적 욕구가 얼마나 강력한지를 반드시 이해해야 한다. 비록 그 힘이 자신을 파괴할 수 있더라도 말이다. 그 힘을 충분히 이해했다면, 이제는 다시 시간을 들여 자기 패배적 태도와 행동에서 비롯된 유혹에 속아온 자신을 용서하라.

이제 가장 어려운 부분에 접어들었다. 자기 삶에서 가장 정확하게 드러나는 자기 패배적 태도와 행동을 인식해야 한다. 잠시

이 문제를 생각해본 다음, 왼쪽 어깨에 가장 자주 내려앉는 악마를 솔직하게 대면해보자. 내가 여기 제시한 목록 외에도, 자기 성장을 방해한다고 여겨지는 자신만의 행위가 있다면 목록에 모두 추가해보는 게 좋다.

이제 반대쪽 어깨에 앉은 천사를 만나보자.

8장

오른쪽 어깨에 앉은 천사:

자기 지지적 태도와 행동

앞서 자기 패배적 태도와 행동에 관해 이야기했다. 이른바 'SDAB'는 자신이 어떤 사람이고 어떤 사람이 되고 싶은지에 관한 원대한 야망을 약화한다. 나는 자신을 솔직하게 바라보면서 자신을 가로막는 개인적인 SDAB를 생각해보라고 했다. 그다음 SDAB에 유혹당한 자신을 용서하라고 설득했다. 우리는 인간이다. 우리에게는 음식과 집과 안전만큼 필수적인 감정적 욕구가 있는데, SDAB가 강력한 이유는 그것이 감정적 욕구를 대신 충족해준다고 약속하기 때문이다. 그 거짓 약속에 속아 넘어가는 사람은 당신만이 아니다.

이제 왼쪽 어깨에 내려앉은 악마를 마주했으니, 비유를 이어가면서 훨씬 더 희망적인 쪽을 알아보자. 이번에는 오른쪽 어깨에 내려앉은 천사다. **자기 지지적 태도와 행동**Self-Supporting Attitudes and Behaviors, SSAB은 감정적 욕구를 건강한 방식으로 충족시킬 뿐만 아니라 삶의 목표를 달성하고 인간으로서의 잠재력을 온전히 실현하도록 돕는다.

기초적인 감정적 욕구를 의미하는 4A(관심, 애정, 인정, 수용)를 떠올려보자. 4A와 자기 지지적 태도와 행동을 연결하면 이 장 전체를 관통하는 간단하면서도 강렬한 아이디어를 발견할 수 있다. 4A 앞에 '자기self'라는 단어를 붙이기만 하면 된다.

자기 관심 Self-Attention   **자기 애정**Self-Affection

자기 인정 Self-Approval   **자기 수용** Self-Acceptance

생각해보자. 우리가 자신에게 관심과 애정, 인정과 수용을 줄 수 있다면, 타인에게 기대는 멍에로부터 자신을 해방할 수 있다. 자신을 자유롭게 하고, 자신에게 힘을 부여한다. 게다가 기본적 욕구를 충족하려다가 자기 행복이나 심지어 안전과 온전한 정신까지 위태롭게 하는 삶의 모든 상황에서 자신을 지킬 수 있다.

나는 서른 살 무렵 약물 및 알코올 재활센터에서 임상치료사로 일했다. 조건이 좋은 직장이었고, 더욱이 평생 직업으로 삼을 만한 일을 경험해볼 수 있는 첫 번째 기회였다. 젊은 흑인 남자인 나는 대개 미국 동부의 시골 문화가 몸에 깊이 밴 남자들과 일해야 했다. 나는 피할 수 없는 사회적 장애물을 극복해야 한다고, 서둘러 그들에게 신뢰와 존경을 얻어야만 한다고 생각했다. 그러지 못하면 아무것도 성취할 수 없을 터였다.

나는 이 난제를 극복할 능력과 자신감이 있다고 믿었지만, 첫 번째 상담을 준비하면서 불안감을 떨쳐버릴 수 없었다. 임상 치료사로서 훈련을 받고, 자격증을 취득하고, 적합한 경험을 해왔음을 스스로 알고 있지만, 머릿속에서 맴도는 부정적 자기 대화를 떨칠 수 없었다.

- 넌 네가 뭘 하는지도 몰라.
- 상대는 모두 인종차별주의자이자 혐오자이니까, 네 말을 절대 듣지 않을 거야.
- 넌 이 분야에서 실패하고 말 거야. 네가 해왔던 모든 일이 물거품이 될 거야.

머릿속에서 계속되는 부정적 자기 대화 때문에 엄청난 스트레스를 받았다. 그래서 자신에게 물었다.

'같은 문제로 고군분투하는 사람에게 넌 뭐라고 말할래?'

자, 지금 하려는 말은 약간 미친 소리처럼 들리겠지만, 먼저 틀림없는 사실이라고 맹세한다. 정확히 재의 수요일Ash Wednesday* 을 목전에 두고 있던 때였다. 사순절Lent**을 기념하며 사람들은 뭔가를 절제하거나 포기하는 의식을 치른다는 말은 들었지만, 가톨릭과 관련한 의식이므로 나와는 관련이 없다고 생각했다. 그런데 별안간 이런 생각이 들었다.

'사순절을 기념해 두려움과 자기 의심을 떨쳐버리는 건 어떨까?'

이후로 부정적 상념을 버리는 데 집중했다. 6주간 초콜릿을 입에 대지 않는 것처럼 쉬운 일은 아니라는 건 알았지만, 신중하고 의도적으로 두려움과 자기 의심을 떨쳐야겠다는 생각에 몰두했다. 그러려면 애초에 두려움과 자기 의심의 근원이 무엇인지 진지하게 고민해야 했다. 그리고 그중 많은 부분이 아버지에게서 기원했음을 깨달았다.

이런 경험을 한 사람이 나뿐은 아니겠지만, 아버지는 그 시대의 전형적인, 모름지기 남자는 누구에게도, 심지어 자녀에게도

---

* 예수의 고행을 기리는 사순절의 첫날로, 참회의 상징으로 머리에 재를 뿌린 관습에서 유래한다.

** 재의 수요일부터 부활절 일요일 전날까지의 40일로, 단식이나 참회를 한다.

감정을 표현하면 안 된다는 사고방식을 지니고 있었다. 아버지는 나에게 감정적 욕구인 4A를 허락하지 않았다. 적어도 당시에는 그렇게 느꼈다.

물론 느낌이 모두 사실은 아니다. 삶을 돌아보면서, 나를 둘러싼 상황을 좀 더 분명히 인식하겠다고 결심하고 난 후에는 아버지가 나를 사랑했다고 결론내렸다. 아주 간결한 결론이지만, 내게는 모든 것을 의미했다.

'아버지는 날 사랑하셨어. 다만 어떻게 표현해야 할지 모르셨을 뿐이야.'

아버지는 나를 자랑스러워했다. 아버지는 내가 살면서 지금까지 달성한 모든 일을 인정해주었다. 비록 표현하는 법은 몰랐지만 말이다. 그러니 수십 년이 흐른 이 시점이 아버지를 용서할 때였다. 나는 아버지가 나에게 전해주지 않았던 모든 것에 품었던 분노를 모두 버렸다. 나는 완벽하지 못한 아버지를 용서했다.

이 결정으로 내 어깨에서 덜어낸 무게는 정말로 엄청났다. 아버지로부터 품었던 모든 짐을 놓아버리자, 머릿속에서 들리던 두려움과 자기 의심의 소리가 희미해졌다. 이 깨우침을 경험한 날이 선명하게 기억난다. 그러고는 48시간도 되지 않아서 전화벨이 울렸기 때문이다. 아버지였다(이 순간은 7장에서 '도움을 거부하는 고집'을 설명할 때 언급했다).

"네 도움이 좀 필요하구나."

아버지가 말했다. 전화기를 쳐다보면서 '이분이 왜 이러지?'라고 놀라던 내 모습을 상상해보라.

아버지는 계속 말했다. "개인적인 일이야. 이 문제에 대해선 나보다 네가 더 많이 알잖니."

아버지는 자신이 모든 것을 다 안다고 생각하던 분이었다. 아버지가 아들은 물론이고 누군가에게 이런 식으로 말하는 모습을 본 적이 없었다. 그런데 완벽하지 못했던 아버지를 용서하고 48시간이 지난 후에 이런 일이 벌어지니, 마치 신이 내게 확언을 내려주신 것 같았다. 과거의 불만을 털고 아버지가 나를 사랑했다고 생각하자마자, 이토록 멋진 선물을 받은 것이다. 선물은 바로 내가 옳았다는 구체적 증거였다. 이 순간은 이미 굉장했지만, 거기서 한걸음 더 나아가야 했다.

아버지는 나를 사랑한다.

신은 나를 사랑한다.

그리고 무엇보다도 나는 자신을 사랑한다.

나는 자신을 사랑하므로 다른 사람이 나를 인정하든 하지 않든, 삶에 닥쳐올 새로운 도전에 잘 대처할 수 있고 앞으로도 그럴 것이다.

이러한 다짐이 모든 게 함축된 요점이다. 자기 관심, 자기 애정, 자기 인정, 자기 수용은 자기 패배적 태도와 행동을 자기 지지적 태도와 행동으로 바꾸는 데 필요한 전부이며, 큰 그림을 완성하는 중요한 조각이다.

자기애

사랑이란 무엇인가? 누군가를 사랑한다는 것은 존경하고, 격려하고, 지지하고, 보호하고, 그 사람을 위해 계획하고, 단점 너머의 장점을 보며, 그의 욕구에 초점을 맞추고, 용서하고─상대로 인한 서운함 때문에 사랑이 약해지는 걸 원치 않으므로─, 관심을 주고, 돌보고, 지도하고, 포기하지 않는 것이다. 누군가를 사랑한다는 것은 이 모든 것을 아우른다.

그러므로 자신을 사랑한다는 것은 자신에게 이 모든 것을 하는 것이다.

자신을 사랑하지 않는다면 어떤 일이 생길까? 자신을 과소평가하고, 자기보다 다른 이의 자질을 부러워하며, 자신을 비난하고, 자기 실수와 단점만을 보며, 자기 삶의 전부를 부정적 시선으로 바라본다. 언젠가는 나 자신을 납득할 수 있으리라는 기대로 자신을 개선하는 데 모든 시간과 에너지를 쏟아붓는다. 이렇게 우리는 자신에게 최악의 적이 된다.

하지만 우리가 자신을 사랑하면, 놀라운 일이 생긴다. 무엇보다도 자신을 사랑함으로써 타인을 훨씬 더 많이 이해하고 사랑하게 된다. 물론 쉽지 않음을 알고 있다. 평생 쌓아온 자기 증오를 한순간에 돌려놓기는 힘들다. 자기애의 본보기가 없었던 환경에서 자란 사람들은 자기애를 경험한 적이 없을 것이다. 이들은 보통 자신을 미워하고 증오하는 데만 익숙하다.

이런 환경에서 자란 사람에게는 결국 선택과 자유의지가 매우 중요하다. 우리는 자신을 사랑하겠다고 결심해야 한다. 자신을 사랑하는 일에 신중하고 의도적으로 매진해야 하며, 이것을 매일 전념할 평생의 프로젝트로 삼아야 한다.

때로는 자신에게 솔직해져야 한다. 그러기 위해서는 이기적인 사람이 되어야 한다(여기서 '이기적인'이란 단어의 뉘앙스는 긍정적인 의미다). 이기적인 사람이 된다는 것은 살면서 배워왔던 모든 가르침에 어긋날 수도 있다. 하지만 자기 욕구를 인식하고 가치 있게 여기는 것은 진정한 자기애를 갖기 위해 반드시 필요한 첫걸음이다.

한번은 어떤 여성 모임에서 강연을 요청받은 적이 있었다. 강연 제목은 '하나는 완전한 숫자다'였다. 혼자인 상태를 불완전하게 느껴서는 안 된다는 사실을 강조하고 싶었다. 사실 혼자라도 충분하다는 느낌은 연인관계에 접어들기 전에 반드시 필요하다. 그렇지 않다면 그 관계는 처음부터 파국을 맞을 운명이기 때문이다.

그런데 더 좋은 아이디어가 떠올랐다. 그들에게 강렬한 인상을 남긴 아이디어였다. 나는 제목을 '당신은 내가 당신을 사랑하길 바라면서, 정작 자기 자신을 좋아하지도 않잖아!'라고 바꿨다. 화면에 강연 제목을 띄우던 순간을 생각하면 지금도 웃음이 터지지만, 이 문구는 안타깝게도 혼자든 파트너가 있든, 늙든 젊든 간에 세상의 모든 이에게 딱 들어맞는 말이다.

우리는 모두 다른 사람을 사랑하기 전에 자신부터 진정으로 사랑해야 한다. 자기애는 자신의 타고난 진가와 가치를 인정하면서, 매일 기꺼이 자신에게 노력을 쏟아붓고, 자신을 육성하고 보살피는 것이다. 자신을 사랑하면서 자신에게 진실해야 하고, 더 나은 사람이 되기 위해 스스로 동기를 부여해야 한다. 그래야만 자기 지지적 태도와 행동이 순환하기 시작한다. 이제 어떻게 자기애를 실천할 수 있는지 살펴보자.

과거의 짐을 내려놓고 용서하기

앞에서 말한 에바 콜을 기억하는가? 그녀가 여전히 매일 짐어지고 다니는, 해결하지 못한 트라우마를 체감할 수 있게 나는 그녀에게 머리 위로 의자를 들어올리라고 했다. 당신이 그녀와 비슷하다면, 트라우마를 마침내 이해하고 그 짐을 놓아버릴 수 있다니 얼마나 다행인가! 하지만 정말로 해냈는지를 어떻게 알 수 있을까? 여기 확인할 수 있는 세 가지 방법이 있다.

1. 처음 그 일이 일어났을 때 느꼈던 감정 상태로 돌아가지 않고, 그 경험을 이야기할 수 있다.
2. 자기에게 일어난 일을 어떻게 이해했는지, 그리고 어떻게 극복했는지를 분명히 설명할 수 있다.
3. 이 경험을 극복하고 나서 어떻게 더 나은 사람, 더 강하고 회복력 있는 사람이 되었는지를 이해할 수 있다.

사람들이 평생을 짊어지고 다니는 짐은 종종 자기 부모를 용서하지 못한 데서 온다. 그들은 부모의 양육 방식, 어린 시절 부모가 트라우마를 유발했던 특정한 기억 때문에 부모를 용서하지 못한다. 내가 정신건강을 건전하게 유지했던 가장 큰 비결은 완벽하지 못했던 부모를 용서한 것이었다. 쉽지는 않지만, 부모를 용서하는 행위는 자신을 자유롭게 하면서 동시에 상상도 하지 못한 방식으로 자신을 치유해준다. 이 문제로 고민하고 있다면, 매우 중요한 한 가지를 기억했으면 좋겠다. 부모를 위해 그들을 용서할 수 없다면, 자신을 위해 부모를 용서하라.

자기 삶을 책임지기

자기 삶에서 앞으로 일어날 변화를 생각할 때, 좌절하기 가장 쉬운 방법은, 자기 상황과 자신의 정신 상태를 통제할 수 없는 외부 요인으로 여기는 것이다. 정말로 그렇게 믿는다면 스스로 무엇이든 바꿀 수 있다고 믿기란 어렵다. 분명히 말하지만, 자기 삶은 자기 것이므로, 이것을 최대한 활용하는 것도 자기 책임이다. 자신도, 배우자도, 부모도, 자녀도, 친구도, 아무도 대신해줄 수 없다. 자기 삶에 책임지는 것, 자기 삶의 결과를 최우선순위로 삼는 태도는 삶의 어떤 긍정적인 변화를 위해서든 필수적인 기초 작업이다.

도움 요청하기

그렇다. 자기 삶이고 자기 책임이지만, 정말로 필요할 때 도움을 요청하면 안 된다는 의미는 아니다. 우리 중 대다수가 어려서부터 도움 요청하기를 나약함의 신호로 여기도록 훈련받는다. 하지만 깨달아야 할 중요한 점이 있다. 성공한 사업가와 연예인, 삶을 만족스럽게 즐기는 보통 사람 중에서 많은 이가 삶의 어떤 시점에서 다른 이의 도움을 받아서 성공을 이뤄낼 수 있었다는 점이다. 좀 더 편안하게 도움을 요청하고 싶다면, 다음 세 가지를 실천해보기를 바란다.

1. 존경하는 인물의 전기를 읽어라. 위인의 삶을 깊이 살펴보면, 그들도 한번쯤은 누군가에게 도움을 받았음을 확실히 알 수 있다(마틴 루서 킹 주니어, 헬렌 켈러, 빌 게이츠, 마이클 조던…몇 날 며칠이고 계속 얘기할 수 있다). 그들도 도움을 받았으니, 당신도 괜찮다. 언젠가 다른 사람에게 도움 줄 날도 있을 테니 말이다.

2. 일단 도움을 청하기로 결심했으면, 언제 어떤 도움이 필요한지를 살펴야 한다. 지인들에게 돈이나 물질적인 것을 요구하면서 징징댄다면, 그들은 당신을 피하거나 의심스러운 눈길로 바라볼 것이다. 내가 말하는 도움은 조언과 지지, 방향에 관한 것이다. 정신적 지지가 물질보다 귀중하기도 하거니와, 정말로 필요한 도움도 그것일 테니 말이다.

3. 마지막으로 도움이 필요한 문제가 무엇인지를 분명히 해야 한다. 시간을 내어 지금 나에게 꼭 필요한 것을 따져본다. 글로 써보기를 추천하는데, 필요한 도움을 글로 표현하면 훨씬 더 분명해지기 때문이다.

자아가 나를 돕게 하기

쉽게 이해할 수 있는 개념은 아니지만, 나는 자아를 최고의 친구로 삼는 아이디어가 너무 좋다. 올바른 방식으로 사용한다면, 자아는 살면서 도전에 직면할 때마다 실제로 우리를 이끌어줄 수 있다. 도전이 더 나은 사람이 되는 것, 그러기 위해 열심히 노력해야 하는 것이라면, 자아는 우리를 그곳까지 데려다줄 엔진이 될 수 있다. 나는 최고의 운동선수와 일하면서 이런 사례를 여러 번 목격해왔다. 톰 브래디는 엄격한 훈련을 모두 견디고, 온갖 의심을 무시하고, 궁극적으로 풋볼 역사상 최고의 쿼터백이 되기 위해 긍정적인 사고방식으로 자아를 이용했다. 그럼에도 그는 여전히 만족을 모른 채 나아가고 있다. 비결은 자아를 적이 아닌 동맹으로 만드는 데 있다.

좋은 사람과 어울리기

인간은 사회적 동물이다. 우리는 삶의 단계마다 주변 사람에게 불가피하게 영향을 받기 마련이다. 말하는 방식을 비롯해 걷는 방식, 심지어 어떤 차를 운전하는지도 말이다. 우리가 알게 모르게 주변 사람의 영향을 받는다면, 이왕이면 좋은 사람들과 어울리는 게 좋지 않을까? 부정적이 아닌 긍정적인 태도와 행동을 강화해줄 사람들 말이다. 하지만 이러한 변화가 우연히 일어나지는 않음을 기억해야 한다. 우리는 주변에서 좋은 사람들을 찾아서 그들을 우리 삶에 끌어들여야 한다. 물론 애초에 좋은 사람들을 만날 최고의 방법은, 자신부터 좋은 사람이 되는 것이다.

보다시피 비밀 코드는 없다. 7장에서 살펴본 자기 패배적 태도와 행동을 정반대로 생각해보자. 자기 패배적 태도와 행동으로 입은 피해를 되돌려 삶을 바로잡을 자기 지지적 태도와 행동을 떠올려보자. 몇 가지를 더 적어두었으니, 여기에 자기만의 항목을 더해도 좋다.

- 과거의 성과를 다시 점검하기
- 부정적인 자기 대화의 방향 돌리기
- 두려움과 자기 의심을 극복하는 데 집중하기
- 건강한 방식으로 자신에게 보상하기
- 나를 지지해줄 사람들과 모임을 만들어 교류하기
- 변화에 적응하기
- 다른 사람을 지원하고 신뢰하기
- 규칙적으로 주변 친구들과 교류하기
- 남들에게 주의를 기울이는 것만큼 자신에게도 주의 기울이기
- 남들에게 다정한 만큼 자신에게도 다정하기

- 갈등을 활용해 긍정적 변화 이끌어내기
- 자신의 정신적·신체적·영적 건강 돌보기
- 사람·장소·상황과의 관계 익히기
- 관찰자만이 아닌 참여자 되기

진지하게 삶에서 자기 패배적 태도와 행동을 인식하고, 자기 지지적 태도와 행동을 구축하고자 한다면, 생각거리를 하나 더 전하고 싶다.

삶의 중요한 변화를 이루려 할 때, 다른 사람을 바꾸려고 하지 마라. 꼭 필요한 곳에 쏟아야 할 에너지만 빼앗길 뿐이다. 돌이켜보면, 다른 사람을 정말로 바꿀 수는 없다!

이 모든 프로젝트는 자기 자신과의 약속임을 명심하자.

워크시트

자기 삶의 목적과 목표, SDAB(자기 패배적 태도와 행동)와 SSAB(자기 지지적 태도와 행동)를 정의해보세요.

삶의 목적은 무엇인가요?(간단하고 명확하게)

_____

_____

_____

_____

_____

_____

_____

당신이 생각하는 성공은 어떤 모습인가요?(최대한 구체적으로)

_____

_____

_____

_____

_____

_____

_____

당신의 목표는 무엇인가요?(측정 가능하고 실현 가능한)

_____

_____

_____

_____

_____

목표 도달을 가로막는 SDAB는 무엇인가요?

1. _____

2. _____

3. _____

SDAB를 그만두기 위한 세 가지 행동을 적어보세요.

1. _____

2. _____

3. _____

삶에 적용하고 싶은 SSAB는 무엇인가요?

1. _____

2. _____

3. _____

SSAB를 갖추기 위한 세 가지 행동을 적어보세요.

1. _____

2. _____

3. _____

9장

이상적 자아 만들기

그녀는 자신 있게 방으로 걸어들어가, 눈에는 다정한 미소를 머금은 채 모든 이의 눈을 똑바로 응시한다. 매혹적인 에너지로 대담한 존재감을 발휘하며 입을 떼기도 전에 관중의 시선을 사로잡는다.

그녀는 다양한 출신의 사람들과 모두 친해질 수 있고 그들이 스스로 세상에서 가장 중요한 사람인 것처럼 느끼게 한다. 또한 상대방의 사회적 단서와 성격을 매우 빨리 알아차린다. 그녀에게는 같은 공간에 있는 모든 사람들에게 매우 세심한 촉을 발휘하는 특별한 본능이 있다.

그녀의 독립적인 성향과 자신감을 비춰볼 때, 자신을 생각하는 방식을 남들이 좌우하도록 내버려두지 않겠다는 결심을 엿볼수 있다. 그녀의 직업윤리는 의심할 여지 없이 분명하다. 그녀는 진실하고 말과 행동이 일치하는 사람이다. 신뢰할 만한 사람이 되려면 결국 말과 행동이 일치해야 한다. 주변 사람들은 그녀를 착하고 매우 충직한 친구로 여긴다.

그녀는 자신감에 차 있지만 오만하다는 인상을 주지 않고, 주변 사람에게는 마음이 열린 사람으로 인정받고 있다. 나는 지금까지 묘사한 그녀를 닮고 싶은 '이상적인' 자아뿐 아니라, 결국 그렇게 성장할 잠재적인 자아로 여긴다.

위의 구절은 미셸 맥마흔Michelle McMahon이라는 놀라운 젊은 여성의 글이다. 처음 만났을 때 그녀는 미시간대학 배구팀에 워크온 선수*로 입학한 신입생이었다.

그리고 그녀는 행복하지 않았다.

사실 나중에 내게 고백하기로는 그때가 그녀의 인생에서 최악의 시기였다고 한다. 평생 미시간대학 스포츠팬이었던 그녀는 꿈꾸던 대학에 들어와 마침내 교색인 노란색과 파란색이 섞인 유

---

* 미국과 캐나다에서, 스카우트되거나 체육 장학금을 받지 않고 입단 테스트를 통해 팀원이 된 운동선수를 말한다.

니폼을 입게 되어 신이 났다. 하지만 그녀는 경기에서 뛸 수 없으리란 사실을 코치에게 전해들었다.

그녀 또한 내 사무실을 찾아온 다른 선수들과 크게 다르지 않았다. 고등학교에서는 학업과 스포츠에서 모두 우등생이었다. 그러나 명문대학에 들어온 후로는 하루아침에 더는 눈에 띄지 않는 학생이 되었다. 내게 말한 대로, 그녀는 당시에 자신이 어떤 사람인지도 몰랐다.

그래서 다른 선수들에게 전해준 사실을 그녀에게도 전했다. "나는 경기 시간을 보장해줄 순 없어. 체육계에서 성공을 보장할 수도 없어. 내가 보장할 수 있는 건 우리가 상담을 마친 후에는 상담 이전보다 너 자신을 더 잘 알게 되리라는 것뿐이야. 그게 네게는 큰 힘이 될 거야."

"배구는 네 삶 자체가 아니야." 나는 그녀에게 말했다(이 개념을 더 알고 싶다면 13장 참조). "배구는 네 삶이 향하는 곳에 도달하기 위한 디딤돌일 뿐이야. 나를 믿어. 나는 네게서 그 가능성을 봤고 넌 그곳에 이르게 될 거야."

나는 그녀가 내 말을 매우 주의 깊게 들으면서, 나의 조언을 믿고 싶어 한다는 사실을 알 수 있었다. 하지만 그녀가 배구 이외의 삶에 관해서는 아무 생각이 없다는 게 문제였다. 그곳이 어떤 곳인지조차 모르면서 그녀는 어떻게 그렇게 대단한 위치에 도달할 수 있었을까?

나는 과거에 내가 여러 차례 사용한 방식을 그녀에게 적용했다. 나는 그녀에게 어떤 사람이 되고 싶은지를 최대한 자세히 쓰라고 했다. 그녀가 어떤 집에 살지 또는 어떤 차를 몰고, 심지어 10년 후에 어떤 직업을 갖고 있을지를 말하는 게 아니었다. 그녀가 어떤 사람이 되고 싶은지, 어떤 가치관을 지니고 있고, 어떻게 타인과 소통할지를 알고 싶었다.

다음 면담 자리에서, 그녀는 9장 서두에서 인용한 글을 써가지고 왔다. 그리고 졸업 후 그녀가 그 다짐을 그대로 실현해가는 모습을 볼 수 있었다. 4학년이 된 그녀는 마침내 배구 경기에 투입되었고, 시카고로 이사한 후로도 우리는 계속 연락을 주고받았다. 한번은 내게 전화로 판매직이 싫은데 계속해야 할지, 스포츠 캐스터의 꿈을 좇아야 할지 물어오기도 했다. 내가 그녀에게 어떤 답을 주었을지 여러분은 짐작했을 수 있다.

현재 그녀는 빅 텐 네트워크Big Ten Network에서 스포츠 프로그램 진행자이자 스포츠 리포터로 활동하고 있고, NBC 스포츠 채널에서는 아이스하키팀인 시카고 블랙호크스Chicago Blackhawks를 취재해 보도한다. 그녀의 여정이 어디서 끝날지 정확히 모르지만, 신입생 시절 사무실로 처음 찾아와 말한 대로 멋진 곳에 도달하리라는 것은 알고 있다.

6장에서 나는 차분히 앉아서 자신에게 성공은 어떤 모습일지를 생각하고 묘사해보라고 했다. 이 연습은 몇 가지 다른 항목에도 적용할 수 있다. 성공을 향한 발전을 보여줄 측정 가능하고 실현 가능한 목표 찾기, 목표에 도달하지 못하게 나를 가로막는 자기 패배적 태도와 행동 찾기, 삶을 올바른 궤도에 올려놓기 위해 내 삶에서 함양하고 싶은 자기 지지적 태도와 행동 결정하기에 적용할 수 있다. 이 연습은 자신의 삶을 어디에 놓고 싶은지를 알아보는 또 다른 방법이기도 하다. 당신도 꼭 시도해보길 바란다.

삶에 한계가 전혀 없다면, 정확히 자기가 되고 싶은 사람 그대로 될 수 있다면… 그 사람은 어떤 모습일까? 최대한 구체적으로 생각하고, 자세히 써보자. 써보는 것이 목표를 실현할 첫걸음이기 때문이다. 마치 영화의 한 장면을 보듯 그림을 머릿속에 떠올리면서 보이고, 들리고, 맛이 나고, 냄새가 나는 모든 걸 글로 써보자.

자신이 누구인지에 관한 사고를 형성할 때 정신이 얼마나 강력한 영향을 끼치는지 깨닫지 못하는 경향이 있다. 한번 생각해보자. 텔레비전, 광고주, 정치인, 소셜미디어 등 주변의 모든 것이 우리에게 영향을 끼치고 있다. 사방에서 당신을 프로그래밍하려 한다. 그러니 자신을 프로그래밍해보는 것은 어떨까?

여전히 이 연습이 어렵다면, 이상적인 자기 모습을 상상할 수 없다면, 아이디어가 하나 더 있다. 상상할 수 있는 최고의 친구를 떠올려보자. 그 친구가 얼마나 믿음직스러운지, 얼마나 긍정적이고 이해심이 많은지, 얼마나 열정적이고 강인하며, 현명하고 선한 사람인지, 그에 관한 모든 걸 떠올려보자.

이 사람이 최고의 친구이자 평생 신뢰할 수 있는 사람이 되려면, 어떤 자질과 속성을 반드시 지녀야 할까?

내 생각에 최고의 친구란 바로 이런 사람이다.

- 나를 믿는 사람
- 나를 실망시키지 않으려고 애쓰는 사람
- 내 의견을 소중히 여기는 사람
- 내가 잘될 때 행복해하는 사람
- 나에게 솔직한 사람

또 생각나는 자질과 속성이 있는가? 당신이 생각하는 최고의 친구를 자세히 그려보자. 자기 삶을 맡길 수 있는 최고의 친구 말이다.

이 최고의 친구는 당신의 이상적 자아다. 최고의 친구이자, 자기 삶을 맡길 수 있는 사람은 항상 자기 자신이어야 한다.

최고의 친구는 항상 자기 자신이어야 한다.

미셸 맥마흔Michelle Mcmahon

미시간대학의 워크온 배구선수였던 미셸 맥마흔은 지금 빅 텐 네트워크에서 스포츠 프로그램 진행자이자 스포츠 리포터로 활동 중이다. NBC 스포츠 채널에서는 아이스하키 팀인 시카고 블랙호크스를 취재해 보도하고 있다.

"우리 함께 네가 누구인지 알아보자."

그레그 하든을 만난 해, 나는 인생 최악의 시기를 보내고 있었다. 나는 배구팀에 워크온 선수로 입학한 신입생이었다. 정신적으로 혼란스러웠고, 1000% 우울한 시기였다. 당시에는 이러한 감정을 말로 표현할 수 없었고, 우울증이 무엇인지조차 제대로 이해하지 못했다. 운동하러 가기가 너무 싫을 만큼 불안감이 머리끝까지 차올라 실제로 화장실에서 토하기도 했다. 이전부터 나를 알고 있는 사람이라면, 사실은 내가 그런 사람이 아니었음을 알 것이다. 그때까지 내 삶은 그럭저럭 순탄했는데, 워크온 선수로 미시간에 도착한 후로는 이미 이류가

된 기분이 들었다.

디비전I* 선수가 되려고 애쓴 모든 경험이 내게는 정신적 트라우마였지만, 한 줄기 희망은 그레그를 만난 것이었다. 그를 만나지 못했다면, 나는 지금의 위치에 서 있지 못했을 것이다. 당시 나는 매우 두려웠다. 배구와 나를 너무나 동일시했고, 배구는 내 정체성에서 엄청나게 큰 부분을 차지했으므로, 연습하다 실수하거나 호통을 들으면 속절없이 무너졌다.

첫째 날 그의 사무실에 들어갔을 때도 내게 필요한 것이 무엇인지조차 알지 못했지만, 평소의 내가 아님은 직감했다. 당시에는 내 심정을 말로 표현할 수조차 없었다. 그레그 이외에 말할 대상은 부모님뿐이었지만, 부모님에게는 내 상황이 얼마나 힘든지를 말하고 싶지 않았다. 두 분에게 걱정을 끼치고 싶지 않았기 때문이다.

그레그의 사무실에서 처음 1시간 동안은 내내 울기만 했다. 수도꼭지가 터진 것처럼 마음속 울분이 쏟아져나오는 것 같았다. 겨우 말할 수 있는 상태가 되자 나는 내가 지금 뭘 하고 있는지 모르겠다고, 미시간대학에 소속감이 들지 않는다고 말했다.

나는 길을 잃은 채 지금 어디에 있는지 몰랐고, 내 행동방식이 모두 마음에 들지 않았고, 배구 말고는 아무것도 몰랐으며, 미시간대학 운동선수가 아닌 나에 대해 알지 못했다. 그때까지 내 삶의 기반은 모

---

* 전미대학체육협회National Collegiate Athletic Association, NCAA에서 대학의 경기력과 지원 역량에 따라 I, II, III으로 나눈 등급.

두 과거의 성취를 바탕으로 했다. 하지만 이제 그러한 성취는 다 옛날 일이 되었다. 새로운 장소에서 다시 시작하려면, 바닥에서부터 나를 다시 세워야만 했다.

그는 내게 말했다. "나는 경기 시간을 보장해줄 수 없어. 어떤 종류든 체육계에서 성공을 보장할 수도 없어. 내가 보장할 수 있는 건 우리가 상담을 마친 후에는 이전보다 너 자신을 더 잘 알게 되리라는 것뿐이야. 그게 네게는 힘이 될 거야. 그리고 하나 더, 네 내면의 어린아이는 이제 철이 들어야만 해."

나는 생각했다. '뭐라고?'

내가 기대했던 동정 어린 어조는 아니었다.

그는 말했다. "그래, 네 상황은 엉망이지. 그걸 지적하려는 게 아냐. 상황을 통제할 수 없으니, 네가 통제할 수 있는 것에 집중해보자고." 그와의 상담은 손을 따스하게 잡아주는 유형은 아니라는 예감이 그때 들었다.

그의 조언에 나는 깜짝 놀랐다. 그는 말했다. "배구는 네가 아니야. 배구는 네가 하는 일이고, 삶의 목적에 도달하기 위한 디딤돌일 뿐이야. 그리고 나를 믿어. 내가 네게서 그 가능성을 봤으니, 너는 그곳에 가게 될 거야."

내가 자신을 믿기도 전에 그가 나를 믿어준 것 같았다.

그래서 그의 말을 따르기 시작했다. 그런데 자신을 아는 것이 목적에 도달하는 데 어떤 도움이 된단 말인가? 매우 설득력 있는 것처럼 들렸지만, 그때는 그 효과를 이해하지 못했다. 하지만 나는 그레그를 믿고 그의 말을 따를 준비가 되었다. 그가 개인으로서의 나에 관해 자신 있게 말했고, 나의 외부 상황을 꿰뚫어봤기 때문이다. 그는 나와 함께 진흙탕을 헤쳐나갈 것이고, 한 사람으로서 내가 누구인지를 알 수 있을 거라고 말했다. 우리가 함께 내가 누구인지 알아낼 것이라고 말이다.

그레그가 내게 한 첫 질문은 "자신감 있다assertive는 말이 무슨 뜻인지 알아?"였다. 단어는 알고 있었지만, 그게 정말로 무슨 의미인지는 몰랐다. 그러자 집에 돌아가 그걸 알아오는 게 과제라고 했다. 나중에 다시 왔을 때 자신감 있다는 말이 무슨 뜻인지를 설명하라고 했다.

나중에 알았지만, 우리가 갈등 상황에 놓여 있거나 어른으로서 누군가에게 말해야 할 때 듣는 사람의 감정까지 책임질 수는 없다. 그들이 그 상황에 어떻게 대처할지에 관계없이, 우리는 진실대로 말해야 한다. 정중한 방식으로 진실을 담아 자기 의견을 말하고 물러나야 한다.

나는 자신감 넘치는 사람으로 삶이 내게 전해준 기회를 얻기 위해, 연습하고 훈련하고 반복하기로 다짐했다. 내가 자신감 있게 상황을 다룰 때, 타인의 반응은 그리 중요하지 않다. 유일하게 중요한 것은, 내가 나를 어떻게 느끼느냐다. 그들이 한 사람으로서 나를 가치 있게 여기지 않는다 해도, 적어도 그들은 내가 나를 한 사람으로, 인간으로, 친구와 여자친구로, 자매나 팀원으로 가치 있게 여긴다는 것을 알 수 있을 것이다.

나는 다음 상담에서 그가 내준 과제를 파워포인트로 정리해 그레그 앞에서 발표했다. 다음은 발표 내용의 요점들이다. '친구들, 코치, 팀원들, 남자친구나 가족들이 나를 어떻게 생각하는지 그만 생각하고 신경 끄기. 내가 누구인지와 어떤 사람이 되고 싶은지로 초점 옮기기. 내가 누구인지 확실히 알고, 내가 옹호하는 가치관을 정확히 알기, 내 생각을 말하는 데 주저하지 않기.'

나는 성인이 된 이후에도 교훈을 배우고 있다. 지금은 다른 세계에 있지만, 힘들기는 마찬가지다. 끊임없이 자신에게 정체성과 자기 가치를 묻는다. 너무 많은 이가 내게 의문을 제기하기도 한다. 내가 있는 분야에서는 배짱이 두둑해야 한다. 자신감이 엄청나게 필요하지만, 나는 한때 너무 자신감이 없었다. 그레그가 없었다면, 이 자리에 있지 못했을 것이다.

나는 그의 사무실에서 모든 것을 배웠다. 앞으로도 살면서 새로운 교훈을 깨우칠 때마다 멈춰서 이렇게 말할 것 같다.

"그레그에게 이미 배운 거잖아."

10장

자신감 있는 사람만이 성공한다

젊은 대학원생 에밀리 라인Emily Line을 먼저 소개하고 싶다. 그녀는 다른 학교에서 이제 갓 학사학위를 받고는, 사회복지학 석사 과정을 공부하기 위해 미시간대학에 입학했다. 나도 일을 시작할 때 사회복지학 학위가 있었는데, 사회복지학은 카운슬러에게는 반드시 공부해야 하는 기초 학문이다.

그녀는 사무실에 전화해서 나와 얘기하고 싶다고 말했다. 당시 일정이 너무 바빠서 일주일이 지나서야 그녀를 만날 수 있었다. 그날도 정신없이 바쁜 하루가 끝날 무렵이었다.

"만나주셔서 감사해요."

그녀는 나에게 악수를 청하며 말했다. "선생님과 함께 인턴으로 일할 수 있을지 얘기를 나누고 싶어요."

나는 그녀의 눈을 바라보며 대답했다. "저는 인턴을 원치 않습니다. 인턴이 필요하지 않고, 인턴을 위해 낼 시간도 없습니다. 그러니…."

나는 말을 멈추고 손목시계를 보았다.

"내가 당신을 인턴으로 뽑아야 한다고 설득할 시간을 30분 드리죠."

그녀는 나를 빤히 바라보기만 한 채, 잠시 할 말을 잃은 듯했다.

나는 다시 시계를 보았다. "자, 이제 28분 남았네요."

나는 왜 이런 식으로 그녀에게 말했을까? 가혹하지 않은가? 하지만 이유가 있다. 첫째, 나는 정말로 당시 인턴을 고용할 계획이 없었다. 둘째는….

테스트라고 말해두자. 그녀가 정말로 내 사무실에 꼭 필요한 사람이었다면, 이번이 그것을 증명할 절호의 기회였다. 만약 그녀가 패닉에 빠지지 않고 압박감에도 뜻을 굽히지 않는다면, 나는 그녀를 위협적인 코치들은 말할 것도 없고 자아가 충만한 일류 선수들보다 우선순위에 놓을 수도 있었다.

우리 사무실은 고요했고, 그녀는 숨을 돌린 후 입을 뗐다.

"여기에는 미국에서 최고의 사회복지학 석사 프로그램이 있어요. 그래서 그 일원이 된 게 너무 신나요. 그런데 여러 인턴직을 모두 살펴보았지만, 저한테 맞는 자리가 없었어요."

그녀는 계속해서 자기 인생을 털어놓았다. 겉모습만 보고 나는 이미 그녀에게 어떤 예단을 내렸을 수도 있었다. 백인에 금발 머리, 주에서 등록금이 가장 비싼 사립대학을 막 졸업한 학생. 특권층에 속해 온실 속 화초처럼 자란 학생이라고 말이다. 하지만 그녀의 이야기에는 특별한 사연이 담겨 있었다.

그녀가 중학생 무렵, 여동생이 백혈병에 걸렸다고 했다. 그녀의 골수가 이식에 적합했고, 생각할 겨를도 없이 동생에게 골수를 기증해주었단다. 안타깝게도 여동생은 백혈병을 이겨내지 못했지만, 그 경험이 에밀리의 삶을 바꿔놓았다.

"여동생은 짧은 생을 마감했지만, 고통 속에서 한순간도 행복해하지 않았던 때가 없었어요."

나는 계속 이야기를 들었다.

"그래서 저는 상자 안에 끼워넣어지듯 틀에 박힌 일은 하고 싶지 않아요. 이 학교에서든, 내가 일하게 될 어디에서든지요. 내일이 마지막 날일지도 모르니까요. 저는 매일 삶의 목적을 느끼고, 행복해질 수 있다고 믿으며 살고 싶어요."

"여기 대학에서 제공하는 인턴십 프로그램은 가이드에 불과할 뿐입니다. 그걸 따라 학생의 진로 계획을 세울 필요는 없어요."

"저도 알아요. 그래서 제가 여기 있잖아요."

그다음 순간은 생생하게 기억난다. 나는 고개를 떨구고, 한 손으로 머리카락을 벅벅 문질렀다. 그녀는 훌륭했고, 이 일에 너무 목말라했기에 나로서는 그녀를 퇴짜 놓을 핑계를 찾을 수 없었다. 그녀는 자신감을 보였으며, 남을 돕고 봉사하는 일에 열정이 넘쳤다.

그래서 내가 말했다. "월요일에 봐야겠군요. 9시예요. 늦지 마세요."

이전 장에서 우리는 '성공의 모습 정의하기', '현실적인 목표 설정하기', '목표를 향한 노력을 좌절시키는 태도와 행동', '지지하는 태도와 행동 확인하기'를 살폈다. 다른 접근법으로 '이상적인 자아'에 관해 생생하고 자세히 묘사하라고도 요구했다. 삶에서 무엇이 효과가 있고, 효과가 없는지를 스스로 인지하는 것이다. 다음에는 만질 수 있고, 식별할 수 있고, 측정할 수 있는 단계를 거쳐 신중하고 의도적으로 자기 삶을 다시 설계해야 한다.

이때 중요한 사실이 있다. 삶을 좀 더 나아지게 할 긍정적 목록의 단계를 정리하는 것만으로는 충분하지 않다는 것이다. 그 단계를 밟을 기회를 자신에게 주고 있는지 확인해야 한다. 또 그러기 위해서는 먼저 자신감을 찾을 방법을 배워야 한다. 그렇다면 자신감 있다는 것은 무슨 의미일까?

솔직히 인정하자. 당신은 '자신감 있는'이라는 단어를 듣자마자, 특정한 유형의 사람이 떠올랐을지 모른다. 도로에서 내 앞으로 불쑥 끼어드는 차량의 운전자, 내 의견에 반대하면서 소리치는 남자, 한 조각 남은 피자를 집어 드는 남자를 떠올렸을 것이다(여기서는 '남자'라고 했지만, 물론 여자 버전도 있다). 당신이 떠올린 사람은 내가 공격적이고, 배려심 없고, 남을 괴롭히는 사람이라고 칭하는 사람들이다. 그보다 훨씬 강한 어조의 단어도 몇 개 있다.

나는 그런 부류의 사람을 말하는 게 아니다. 당연히 그런 사람이 되라고 부탁하는 것도 아니다. 목표를 성취하는 데 꼭 필요한 도구로서 (긍정적 의미의) 자신감 있는 태도를 생각해보라는 것이다.

사전에 따르면, '자신감 있다'는 의미는 이렇다. '대담하거나 확신에 찬 말과 행동을 하거나 그런 특징을 보이는 경향.' 그런데 내가 말하고자 하는 '자신감 있다'의 의미는, **주변 사람을 사려 깊게 살피며 소통하면서도 자기 욕구를 충족시킬 줄 아는 능력**이다. '자신감 있다'는 것이 무엇인지 구체적으로 말해보겠다.

- 자신을 소중하게 여긴다는 뜻이다. 타인을 소중하게 여기는 동시에 자신의 삶과 목표, 이 땅에서 주어진 모든 시간을 소중하게 여기는 것이다.
- 행복과 삶의 모든 가치를 추구할 천부적인 권리를 지니고 있음을 인식하는 것이다. 게다가 자신을 높이기 위해 다른 사람을 깎아내릴 필요가 없음을 아는 것이다.
- 자신이 믿는 것을 옹호하고, 자기감정과 의견을 직접적이고 적절한 방식으로 표현하는 것이다.
- 자신의 성취와 실수를 인정하면서 자기 행동에 책임지는 것이다.
- 자신이 이기기 위해 다른 누군가가 반드시 질 필요는 없음을 아는 것이다.
- 항상 정중한 범위 안에서 솔직한 것이다. (달라이라마가 말했듯, "네가 정직하고, 진실하고, 투명하면 사람들이 너를 믿는다. 사람들이 너를 믿으면, 두려움이나 의심, 질투가 설 자리가 없다.")
- 자기를 보호하면서, 남들이 자기 권리를 침해하거나 행복이나 마음의 평화를 제한하도록 허용하지 않는 것이다.
- 남들이 자기를 어떻게 생각하는지는 덜 고민하고 자기가 어떤 사람이 되고 싶은지를 더 고민하는 것이다.

'자신감 있다'는 것은 우리가 8장에서 알아본 4A(자기 관심,

자기 애정, 자기 인정, 자기 수용)를 자신에게 주는 것이다. 다시 말해 자기애다.

자신을 무조건 타인보다 앞에 두고 다른 사람은 신경조차 쓰지 않는 사람이 있다. 나는 당신이 그런 사람이 아니라는 것을 안다. 그렇지 않다면 이 책을 여기까지 읽지도 못했을 테니 말이다. 반면 다른 사람의 욕구를 계속 자기 욕구보다 앞에 두는 사람도 있다. (항상 그렇지는 않더라도 대부분) 당신의 모습과 비슷한가? 그렇다면, 질문하겠다.

남의 욕구를 먼저 생각하면 우리에게 어떤 도움이 되는가?

잠시 자신감 있는 태도(긍정적이고 정중하고 낙관적인, 자기를 사랑하는 방식의 자신감)가 자신에게 어떤 도움이 될지를 생각하라. 또한 이런 태도를 왜 삶의 일부로 만들어야 하는지를 떠올려라. 이 책에서 말하는 모든 변화는 자신에게 변화가 일어날 자격이 있다고 결론내리고 나서야 일어난다. 자신의 욕구가 적어도 남들의 욕구만큼 중요함을 정중하게 알려야 하더라도 말이다.

나는 이러한 변화의 근간이 되는 요인을 발견했다. 그것을 자신감 있는 의사소통을 위한 3C라고 부른다.

1. 자신감Confidence: 자신과 자기 메시지, 상황에 대처할 자기 능력

을 믿어야 한다.

2. 명료함Clarity : 메시지는 분명하고 이해하기 쉬워야 한다.

3. 통제Control : 다른 사람의 반응을 살피면서 메시지를 차분하고 통제된 방식으로 전달해야 한다.

자신감 있게 소통하기란 쉽지 않다. 하지만 자신감이 반드시 있어야만 한다. 성공을 이루려면 자신에게 최고의 친구뿐 아니라 최고의 옹호자가 되어야 한다.

에밀리 라인Emily Line

에밀리 라인은 그레그의 직속으로 일한 몇 안 되는 인턴이다. 그녀는 자신에게 기회를 달라고 그레그를 설득해냈으며, 이후 생애 내내 그때 배운 통찰력을 활용했다. 그레그는 이렇게 말했다.

"에밀리는 자신감 있는 의사소통 기술을 충분히 갖춘 덕에 경력을 끝없이 확장할 수 있었다. 그녀는 임상치료사로 일을 시작한 후 사회복지사 자격증을 취득했고, 이후 최고의 판매사원으로 등극했으며, 지금은 미국에서 가장 큰 직능단체인 전국부동산협회 National Association of Realtors의 기술 부사장이다."

"열심히 꿈꾸고, 크게 행동하고, 반드시 마음의 말을 들어야 해."

사회복지학 석사학위를 취득하러 미시간대학에 막 입학했을 때, 나는 인턴직을 두고 고민 중에 있었다. 지원 가능한 인턴직이 실린 책자를 훑어보았지만, 나에게 맞다고 느껴지는 일자리가 없었다. 그런데 그레그 하든이라는 '살아 있는 전설'에 관해서는 들어본 적이 있었다. 그도 사회복지학 학위가 있음을 알았기에, '그래, 이 사람에게 일을 배워야겠어'라고 마음먹었다.

그와의 면접은 지금까지 치른 면접 중 가장 어려웠다. 그레그에게 연락해 얘기를 나누고 싶다고 먼저 요청했다. 나도 그와 같은 학위를 취득하려는데, 어떻게 하면 인턴으로서 그를 도울 수 있을지 생각을 나누고 싶다고 말했다. 그는 "좋아요. 다음 주에 얘기하죠"라고 대답했다.

만나기로 한 날, 그를 만나기 위해 체육부로 향했다. 그는 내 손을 꽉 움켜쥐며 악수했고, 내 눈을 들여다보면서 말했다.

"저는 인턴을 원치 않습니다. 인턴이 필요하지 않고, 인턴을 위해 낼 시간도 없습니다. 그러니…."

그는 말을 멈추고 손목시계를 보았다.

"정확히 30분 줄게요." 그는 계속 말했다. "자, 당신을 꼭 뽑아야 한다고 날 설득할 시간이 이제 28분 남았군요."

내가 실제로 그에게 뭐라고 말했는지는 이제는 가물가물하다. 당시에도 대화가 어떻게 흘러갈지 전혀 감을 잡을 수 없었다. 나는 관계를 기반으로 하는 사람이고, 기술 분야에 있는 현재까지도 관계의 힘을 여전히 믿는다.

나는 그를 보면서 말했다. "미시간대 사회복지학 석사 프로그램은 미국에서 최고이고, 그 일원이 되어 너무 신이 나요. 하지만 프로그램에 속한 여러 기회를 따져봤을 때, 상자에 갇히듯 틀에 박힌 일을 할 것 같아 실망스러웠고, 그래서 그 문제로 고심했죠. 저는 돈에 이끌리는 사람은 아니지만, 독립적으로 살고 싶고 제가 행복할 수 있는 일을 하면서 살고 싶어요. 사회복지학은 온기를 주는 직종이지만, 솔직히 돈을 벌지 못하는 분야잖아요."

나는 당시에 학비가 꽤 비쌌던 사립대학을 갓 졸업한 후, 미시간 대학에 입학한 대학원생이었다. 학위를 수료할 즈음에는 다른 이에게 좋은 영향을 주는 바람직한 일을 하고 싶었지만, 동시에 빚더미에 앉아 라면만 먹고 싶지도 않았다.

나는 그 문제를 얘기했고, 그레그는 말했다. "눈앞에 보이는 길만을 진로로 삼으려는 생각을 바꿀 수 있도록 우리가 로드맵을 제공할 수 있어요. 학생이 제약받는다고 생각하는 그 길은 바람직한 가이드일 수 있지만, 반드시 그 가이드대로 진로를 결정할 필요는 없어요. 학생에게서는 눈앞에 놓인 것보다 더 많은 것을 추구하려는 갈망이 보이네요. 여기서 취득한 학위가 학생의 가치를 좌우하지는 않을 겁니다. 자기 가치는 자신이 어떻게 행동하는지에 따라 결정되니까요."

나는 그의 상담 사례를 읽고 얼마나 깊은 영감을 받았는지를 말했다. 중학생 때 나는 여동생에게 골수를 기증했지만, 동생은 머지 않아 백혈병으로 세상을 떠났다. 그 일이 내게는 동기부여 요소가 되어, 삶이 우리 앞에 놓은 한계를 극복할 방법을 찾아냈다. 여동생은 짧은 생을 마감했지만, 엄청나게 고통스러워하면서도 매 순간을 행복하게 살아냈기 때문이다.

나는 틀에 박힌 삶을 살고 싶지 않았다. 내일이 마지막일지도 모르지 않는가? 나는 매일 삶의 목적을 느끼고 행복해질 기회가 있다고 느끼며 살고 싶었다. 사회복지학 석사학위를 받고 미시간대학 대학원을 졸업한 후, 나는 시카고로 이사하고 싶었다. 그레그는 자신의 일에 열정을 쏟으면 전문가가 될 수 있다고 격려해주었다. 눈앞에 보이는 기회가 사업 개발(판매직을 의미하는 근사한 용어)이라면, 판매직에 필요한 카운슬러가 되라고 말했다. 직접 부딪혀 원하는 사람이 되라고 말이다. 그렇게 경마장에서 일을 시작해, 다음에는 보험 회사, 그다음에는 전국부동산협회에서 일하고 있다.

나는 지금 만만치 않은 기술 분야에서 일하고 있지만, 그레그가 가르쳐준 모든 교훈은 여전히 내 일부로 남아 도움을 주고 있다. 나도 모르게 잠시 멈춰서 그레그의 조언을 떠올리곤 한다. 그와 함께 보낸 시간은 지금 내가 하는 모든 의사소통(팀원과의 소통이든, 함께 일하는 다른 단체와의 소통이든)에 엄청난 영향을 끼치고 있다. 얼마 전 나는 그에게 문자메시지로 물었다.

"왜 내 머릿속에서 떠나지 않는 거죠?"

한번은 우리 협회가 준비하던 중요한 거래가 있었는데, 쌍방이 계속 충돌하고 있었다. 나는 한순간 테이블 너머를 보았고, 우리가 우리 목표만 생각하며 이야기를 끌고 가고 있음을 깨달았다. 상대 쪽 의견은 충분히 듣지 않았고, 진정한 동업이 어떤 모습인지를 제대로 이해하지 못하고 있었다. 그래서 질문을 던지고 더 많이 듣기 시작했다. 이 거래는 업계에 상당한 영향을 끼칠 대규모의 전국적인 제휴 계약이었기 때문이다.

나는 상대의 표정을 보고, 속으로 생각했다. '우린 지금 너무 이기적이야.' 우리는 상대방의 최종 목표가 무엇인지 알아야 하고, 상호 이익을 위해 제휴할 수 있는지 살펴야 한다. 우리 조직은 원하는 것을 얻었지만 상대가 원하는 것을 얻지 못한다면, 모든 거래는 시작하자마자 실패할 것이다.

그레그가 내게 가르쳐준 최고의 교훈이 있다. 나는 지금도 반복해서 되뇐다.

'열심히 꿈꾸고, 크게 실행하고, 무엇보다 반드시 마음의 말을 들어라.'

처음 만난 순간부터 그레그는 내 눈에서 내가 평생 품고 있던 실패에 대한 두려움, 완벽을 향한 집착을 읽었다. 그는 말했다.

"완벽 같은 건 없어요. 자신에게 올바른 방법을 찾는 것뿐이죠."

그는 내가 두려움을 재구성해 기회로 삼도록 도왔다. 살면서 위험을 피하며 안전하게 가려고만 했던 수많은 순간이 있었다. 하지만 솔직히 말해 그것은 잘못된 접근이었다. 기회가 어떤 모습인지를 분명히 알고, 최대한 활용하기 위한 계획이 있다면, 절대 실패할 수 없다고 그는 항상 내게 말한다.

그레그는 나에게 흑백이 아닌 다채로운 색깔의 예술작품을 전해주었다.

11장

100%의 도전

학사학위를 취득하고 대학원 과정에 들어가기 전, 나는 간절하게 직업을 찾아 헤맸다. 당시 나는 '건강 집착남'으로 알려졌던 터라, '까짓거 뭐, 근사한 건강식품 레스토랑이 딸린 헬스클럽을 차리면 되지'라고 생각했다. 그 목표를 이루려면, 먼저 건강 분야에서 일해 빠르게 관리직으로 올라가야만 했다.

일단 건강업계의 몇몇 회사를 목표로 삼았다. 그런데 찾아간 회사마다 거절당했다. 도박하는 심정으로 마지막에 '빅 태니 인터내셔널Vic Tanny International'을 찾아갔다. 한번쯤은 들어봤을 수도 있다. 당시 빅 태니는 전국에 100여 곳이 넘는 헬스클럽을 운영하고 있었다. 빅 태니는 근육질 남자들이 땀내 풍기는 '체육관'을 현대적으로 꾸며 '헬스클럽'으로 바꾼 최초의 사업가다.

나는 그날을 잊을 수가 없다. 당시 매니저는 샘과 밥이었는 데, 관리팀으로 받아달라고 제안하는 나를 보고 두 사람 모두 웃음을 참느라 힘들어했다. 두 사람이 내 환상이 실현될 리가 없다고 단언하자, 나는 플랜B를 꺼내들었다.

"그러면 저를 헬스 강사로 고용하시죠"라고 말했다. 당시 나는 체지방 4%의 근육질 남자였다. 더 이상 무엇이 필요하겠나? 하지만 "강사는 필요하지 않습니다만 관리인은 필요합니다"라고 그들이 대답했다.

그 말에 곧바로 "제가 하겠습니다"라고 말하자 그들은 깜짝 놀랐다. '관리인'은 '잡역부'를 근사하게 포장한 단어였기 때문이다. 나는 그들이 시키는 일이라면 뭐든지 할 생각이었고, 그게 무슨 일인지가 무슨 대수냐고 생각했다. 그것은 의도적인 선택이었다. 나는 카펫을 세탁했고, 쓰레기통을 비웠다. 거울에 묻은 땀과 샤워실에 뒹구는 거품을 청소했으며, 변기를 소독했다.

그리고 무엇보다도 100%의 시간과 100%의 노력을 쏟아부었다.

나는 헬스클럽에서 만난 모든 사람과 좋은 관계를 맺었다. 그들이 자신을 가장 소중한 직원이나 고객으로 느끼게끔 대했다.

'휘파람을 불며 일을 했고', 거기에 있는 모든 이의 사기를 올리려고 애썼다. 그렇다. 나는 비록 소변기에 광을 내고 있었지만, 마치 내 롤스로이스에 광을 내듯이 청소했다.

마틴 루서 킹 주니어는 "누군가가 거리 청소부로 부름을 받았다면, 미켈란젤로가 그림을 그리듯, 베토벤이 교향곡을 작곡하듯 거리를 청소해야 한다"라고 말했다. 나는 잡역부에 불과했지만, 그 말을 절대 놓지 않았다. '그 일은 나 자신이 아니야. 그건 내가 부여받은 일일 뿐이야'라고 말이다.

나는 이 일을 하는 데 온 힘을 기울여 최선을 다하겠다고, 신중하고 의도적인 결정을 내렸다. 누구도 나보다 나은 관리인이 될 수는 없을 것이다. 게다가 밑바닥에서부터 경험했으므로 헬스클럽 운영을 나보다 더 잘 살펴볼 사람도 없다고 생각했다.

나는 6개월 만에 헬스클럽의 부매니저가 되었다.

최대한의 수준으로 꾸준히 일하면서, 긍정적인 태도를 보이는 데 집중하면 어떤 업계에서든 정상에 서는 데는 큰 힘이 된다. 이는 우리가 키울 수 있는 가장 생산적인 습관이며, 이 책에서 가장 중요한 내용이다.

'100%의 시간, 100%의 노력을 쏟아붇기'를 연습하고 훈련하고 반복하라.

나는 매일 사무실에서 어린 운동선수들을 만난다. 그들 중 많은 이에게 대학에서의 첫해는 엄청난 적응이 필요한 기간이다. 한번 생각해보라. 그들은 신체적 능력을 타고난 덕분에 대부분 고등학교에서 스타였다. 관심의 초점이 되거나 지역 신문에 실리려고 열심히 노력할 필요가 크게 없었고, 성공하려고 100%를 쏟아부을 일도 없었을 것이다. 게다가 교실에 앉아 열심히 공부할 필요도 없었을 것이다. 솔직히 말해 학업성적이 그들에게는 최우선순위가 아니었기 때문이다.

그런데 여기 미시간대학에 발을 딛고는 난생처음으로 다른 선수가 자신만큼이나 뛰어나다는 사실을 깨닫는다. 사회적 압박과 학업의 압박이 이전보다 훨씬 높아졌다. 게다가 그들의 독무대였던 스포츠에서조차, 신이 주신 재능에 의존하기보다 온 힘을 다해 훈련하면서 신체를 단련해야만 했다.

나는 바로 이런 시기에 힘겨워하는 젊은이를 자주 만난다. 내가 그들에게 늘 시도하는 가장 중요한 방법은 도전을 재미있는 일로 바꾸는 것이다.

바로 그거다, 재미.

인디애나주 한가운데 있는 도심이나 어느 작은 도시에 살고 있는 젊은 남자를 그려보자. 그는 농구 말고는 잘하는 게 없는 청소년이다. 그에게 말한다.

"이걸 게임으로 바꿔보자. 자신과의 경쟁으로 말이야. 한 학기만이라도 시도해봐. 교실에서도 100%의 시간과 100%의 노력을 쏟아내봐. 장학생 명단에 올라가면 얼마나 재미있을까? 너에 대한 모두의 예상을 깨부수기가 얼마나 재미있을까? 너의 외모와 출신 때문에 사람들 머릿속에 박힌 고정관념을 부수는 건 얼마나 재미있을까? 농구하려고 여기 온 네가 장학생 명단에 있다니! 네가 농구 코트와 교실 모두에서 경쟁자의 코를 납작하게 할 수 있다니! 이렇게 모든 사람을 흥분시키는 게 얼마나 재미있을지 상상할 수 있겠니?"

이렇게 당신은 스스로 동기를 부여하고 자신을 단련하게 될 것이다. 챔피언의 마음가짐을 갖도록 자신을 훈련할 것이다. 이렇게 하다 보면 더 나은 사람이 되어 있을 테고, 결국 이런 노력이 우리를 훨씬 나은 운동선수로 만들 것이다.

우리는 나태하지 않게 자신을 훈련해야 한다. 어떤 도전에도 맞설 수 있도록 말이다. 그러면 자신이 머릿속에 기억하고 집중한 것은 무엇이든 성취할 수 있음을 자신에게 증명할 수 있다.

게다가 이는 우리가 그다지 좋아하지도 않는 일에 대한 것임을 명심해라. 당신은 당신의 관심을 끌지 않는 일, 당신에게 아주 쉽지는 않은 일에도 100%의 시간과 100%의 노력을 쏟아부을 수 있게 자신을 훈련해야 한다.

우리가 직면한 가장 중요한 경쟁은 자신과의 경쟁이다. 자신과 대결하여 어제의 자기보다 더 나아질 수 있다면, 누구와도 대결할 수 있다. 한번 상상해보자. 싫어하는 일에 100%의 시간과 100%의 노력을 쏟아붓도록 자신을 훈련한다면, 좋아하는 일을 할 때는 얼마나 경이로운 일이 일어날까?

이것이 내가 당신에게 전하고 싶은 말이자, 앞서 말했듯 이 책에서 말하고 싶은 가장 중요한 내용이다. 자기가 하는 모든 일에 100%의 시간과 100%의 노력을 쏟아붓는 습관을 기본적인 삶의 태도로 설정하고 자신이 어떤 사람인지 보여줄 비전으로 삼아라. 그래서 자신의 규범과 기준, 기본으로 만든다면, 가장 최악의 날에 심지어 실수까지 하더라도 보통 사람이 최고의 날에 내는 성과보다 훨씬 더 나은 성과를 낼 것이다.

100%의 시간과 100%의 노력을 쏟아라.

이를 연습하고 반복하라.

12장

적응하거나 죽거나

12장 제목은 책 전체에서 가장 가혹한 표현일 수 있지만, 내 말을 끝까지 잘 따라오길 바란다.

나는 마이클 파워스Michael Powers라는 젊은이와 상담할 기회가 있었는데, 당시 그는 분노 장애를 심각하게 겪고 있었다. 그가 걱정스러웠을 뿐만 아니라 의도했든, 의도치 않았든 그를 화나게 할지도 모를 세상 모든 이가 걱정스러울 정도였다. 만약 우리가 세상에서 정말 화날 만하다고 인정해줄 사람이 단 한 명 있다면, 학대와 배신, 목숨을 위협한 질병까지 겪은 마이클일 것이다.

여러 달을 상담한 후에 나는 마지막 수단으로 그에게 무술을 배워보라고 권했다. 무술을 배우면 분노를 다스릴 수 있고, 이를 신체적·정신적 훈련에 드는 에너지로 돌릴 수 있으리라고 생각했다. 좋은 생각인 것 같았다.

그가 나에게 무술 수업을 등록했다고 말했을 때는 황홀하기까지 했다. "어떤 무술입니까? 태극권? 아이키도Aikido*?" 둘 다 그에게 맞춤한 운동인 것 같았다.

"닌주츠Ninjutsu, 忍術요."

나는 충격받은 표정을 드러내지 않으려고 애썼다. 닌주츠는 닌자라고 알려진 봉건시대 일본의 스파이이자 전문 암살자가 수행하던 오래된 무술이다. '내가 분노 장애가 있는 젊은이에게 닌자의 치명적인 무술을 배우라고 부추긴 건가?'

당분간은 입을 다물고, 그를 조심스럽게 관찰했다. 그런데 수업이 진행될수록, 이 젊은이가 처신하는 방식이 나아지는 게 보였다. 그리고 그의 사부와 수련 동기들을 만나고 나서야 닌주츠를 배운 것이 올바른 결정이었다고 확신할 수 있었다. 닌주츠는 그를 암살자로 만들기는커녕, 유연한 태도로 주위를 의식하도록 도왔고, 자신과 주위 모든 이를 평온하게 받아들이도록 그를 바꿔놓았다. 자기 인식과 정신적 훈련이 차차 장점으로 드러났다.

---

*　상대방을 잡아서 던지는 형태의 일본 무술.

한번은 닌주츠를 배우는 학생들에게 '정신건강' 세미나를 해달라는 요청을 받았다. 롭 바이아스Rob Byas 사부를 만날 기회였기 때문에 나는 덥석 초대에 응했다. 롭을 보자마자 그가 뛰어난 무술가일 뿐만 아니라 영리한 사람임을 느낄 수 있었다. 그는 수련생 각자의 장점과 약점을 꿰뚫어보았고, 그들에게 자신을 좀더 똑똑히 보라고 요구했다.

훈련 과정을 지켜보면서, 바이아스 사부가 가르치는 닌주츠는 공격이 아닌 방어를 강조하고 있음을 알 수 있었다. 네 가지 요소(흙, 물, 불, 바람)의 방식으로 수련생들의 신체를 쓰도록 훈련했고, 주변에서 볼 수 있는 도구나 기회를 무기로 활용하면서 자신과 주위 사람들을 방어하고 보호하는 능력을 키웠다.

정신건강 세미나 발표를 마치자, 사부가 티셔츠를 건넸다. 티셔츠 한가운데에는 굵게 '적응하거나 죽거나!'라고 쓰여 있었다. 생각이 번득 들었다. '이게 닌주츠 수업과 사부의 가르침, 닌주츠 기술에 담긴 핵심 주제구나.'

적응하거나 죽거나. 가능한 모든 상황에 적응하고, 대처하고, 어떤 물체든 자신을 방어할 무기로 쓸 수 있도록 훈련한다. 우리는 자신이 직면한 변화에 맞춰 사고를 조절하면서, 힘든 상황에 적응해야 한다. 임시변통으로 하나씩 해결하면서 말이다.

그렇지 않으면 죽을 테니까.

순수하게 생물학적 용어로 바라보면, 정말로 냉혹하기 그지 없다. 찰스 다윈Charles Darwin이 발표한 불멸의 연구도 세 단어로 요약된다. '적응하거나 죽거나Adapt or Die!' 주변의 물리적 조건이 변할 때, 우리는 그 조건에 적응해야 하고, 그렇지 않으면 영원히 소멸한다(잠재적인 미래의 후손 또한 절대 존재할 수 없다). 지금 이 책을 읽고 있는 독자는 대대로 변화한 환경에 적응하는 방법을 찾아낸 선조의 후손이다.

하지만 말 그대로 삶과 죽음이 걸린 문제를 떠나서도 이 문구는 여전히 심오한 의미를 지닌다. 살아오면서 만났던 성공한 사람들을 잠시 떠올려보자. 최고의 운동선수, 영향력 있는 지도자, 삶의 길목마다 최고의 성과를 보인 이들 말이다. 이들이 지닌 공통 특성 중에 적응력은 너무도 중요하다.

우리는 모두 변화에 대처해야 한다. 크든 작든, 긍정적이든 부정적이든, 변화는 매일 우리를 찾아온다. 가끔은 눈에 보이지만, 가끔은 눈에 보이지 않는다. 당신은 변화에 어떻게 대처하는가? 변화에 압도되는가? 스트레스를 받으면서 옴짝달싹하지 못하는가?

'변화'라는 단어를 보면서 떠오르는 단어나 문구를 써보자. 예전에 한 그룹에 이 질문을 던져 답을 받았는데, 그중 부정적인 반응은 이렇다.

- 변화는 불안감을 초래한다.
- 변화는 불편함을 의미한다.
- 변화를 생각하면 두려움이 엄습한다.
- 미지의 세계에 대한 두려움은 매번 나를 멈추게 한다.
- 왜 지금 변화해야 하나?
- 변화는 나를 컴포트존*에서 벗어나게 할 것이다.
- 다시 시작하기에 난 너무 늦었다.

솔직해보자. 어디선가 본 것 같지 않은가? 당신이 적어 내려간 목록에도 이런 말들이 있지는 않았을까?

이번에는 같은 그룹에게 '변화'라는 단어에서 연상하는 것 중 성공으로 이끌어줄 특징만을 목록에 적도록 했다. 그 대답 중 일부다.

- 삶에는 열정을 촉진할 계기가 필요하다.
- 낙관주의를 포용하면 새로운 문이 열릴 것이다.
- 변화에는 용기가 필요하지만, 나는 준비되어 있다.
- 내가 하는 일에 대한 열정이 없다면, 이미 실패한 셈이다.

---

*   자신감과 편안함을 느끼는 장소나 상황이나 수준을 말한다.

- 기회가 찾아오면, 나는 그 기회를 쟁취할 수 있다.

- 어려움에 적응하면 좋은 결과가 찾아온다.

- 이전에 이르지 못한 수준으로 나 자신을 끌어올리고 싶다.

- 더 나은 사람이 되고 싶다.

- 이제 새로운 시도를 할 때다.

사고의 힘을 느껴보자. 변화를 받아들이는 것만이 아니라 변화를 관리하고 포용할 때의 힘을 상상해보자.

승리자victor가 될지, 피해자victim가 될지를 선택하자.

절대 바뀌지 않을 유일한 진리는 변화는 언제나 삶의 일부라는 단순한 사실이다. 그렇다면 당신은 변화에 어떻게 대처할 것인가?

변화는 필연적이다.
우리는 변화의 일부가 되거나, 변화에 걷어차일 수 있다.
어느 쪽일지는 온전히 우리의 선택에 달려 있다.

13장

나의 일이 곧 나 자신은 아니다

이번에는 내 사무실에 앉아 불안해하던 선수 이야기로 시작하겠다. 이름은 서맨사 아르세놀트Samantha Arsenault다. 때는 2000년으로 시드니 하계올림픽이 끝나고 몇 달밖에 지나지 않은 시점이었다. 서맨사는 800m 자유형 계주에서 첫 번째 영자泳者로 출전한 후 어린 시절부터 영웅으로 바라보던 제니 톰프슨Jenny Thompson이 팀의 마지막 선수로 들어오는 모습을 지켜보았다.

팀 성적은 1등이었고, 올림픽 기록을 세웠다. 어린 서맨사에게도 금메달이 주어졌다. 그녀는 열여덟의 나이에 올림픽 금메달리스트가 되었고, 이제 대학 생활 준비를 마치고 미시간대학에 신입생으로 입학했다.

잠시 생각해보자. 미시간대학에서 선수 생활을 시작하며 내 사무실에 찾아온 신입생 중에서, 자기 종목에서 이미 가장 높은 위치에 도달한 사람이 얼마나 될까? (마이클 펠프스는 포함하지 않겠다. 그는 코치와 함께 훈련을 위해 미시간대학에 왔고, 여기 있는 동안 자발적으로 보조 코치에 지원한 경우니까.)

서맨사 아르세놀트는 이미 목에 올림픽 금메달을 걸고서 미시간대학에 입학한 몇 안 되는 학생이었다. 게다가 그녀는 꽤 불행한 열여덟 살의 소녀였다.

우선 그녀는 올림픽을 위해 훈련하다가 심각하게 어깨에 부상을 당해 치료 중이었다. 시드니에서도 고통을 견디며 수영했고, 수술과 긴 회복 기간 때문에 경력이 단절되기를 원치 않았다. 그녀는 내적으로나 외적으로 매우 높은 기대를 품고 미시간대학에 왔기 때문에, 대중이 실망할 수도 있다는 생각에 몹시 괴로워했다. 그래서 계속 수영을 멈출 수 없었다.

이것이 서맨사가 할 수 있는 최선의 대처법이었다. 어린 시절부터 그녀는 거의 매일 새벽 5시에 일어나 수영 연습을 해왔다. 연습장까지는 부모님 중 한 분이 데려다주었다. 말 그대로 기억이 나는 순간부터 그녀의 자존감은 온전히 수영 선수로서의 성과를 기반으로 이뤄져 있었다. 그리고 난생처음으로 몸 상태 때문에 선수 경력이 위태로워지자, 물 밖에서의 삶을 살아내야 한다는 가능성에 직면했다. 그녀는 몹시 두려워했다.

나는 말했다. "서맨사, 네가 자신을 수영 선수로만 여긴다면, 끝은 뻔해."

이 말을 듣고 그녀가 지은 망연자실한 표정이 아직도 기억난다.

계속 말했다. "나도 알아. 넌 평생 수영만 했을 거야. 아는 것이 수영밖에 없겠지. 게다가 수영을 너무 좋아했을 거야. 그렇지 않다면 지금의 위치에 오르지 못했을 테니. 하지만 스포츠가 네가 아는 전부라면, 그게 곧 너의 정체성이 되는 거야. '수영은 다른 사람들이 나를 좋아하는 이유야! 수영은 그들이 나를 응원하는 이유야!' 수영이 너에게 가져다준 놀라운 일을 생각하면, 어떻게 자신을 수영 선수 이외의 존재로 볼 수가 있겠어, 그렇지?"

그녀는 고개를 끄덕였다.

"네가 자신을 수영 선수로만 인식한다고 널 탓하지는 않아. 정말이야. 너무 공감하니까. 게다가 지금 네가 두려워하는 이유도 이해할 수 있어. 그런데 수영이 끝난 다음에는 뭘 할 거지?"

그녀는 답을 몰랐다. 하지만 나는 그녀가 대단한 사람임을 알아챘다. 지금은 답을 몰랐지만, 내가 도와줄 수 있음을 알았고, 그래서 내게 찾아올 만큼 현명했다.

"당장 선택할 수 있어. 세상에서 네가 마주할 가장 큰 적인 두려움과 자기 의심 안에서 계속 뒹굴든지, 아니면 자신을 재정립하기 위해 나와 함께 노력하든지. 네가 자신을 보는 방식, 세상을 보는 방식을 다시 디자인하고, 개조하고, 구성할 수 있어."

수많은 이에게 해준 말과 마찬가지로, 나는 곧장 **통제 가능한 것을 통제하라**는 요점으로 들어갔다.

나는 물었다. "네가 지금 상황에서 통제할 수 있는 게 뭐지? 물리치료를 받는 것 외에 네가 부상당했다는 사실을 통제할 수 있어?"

"아뇨."

"다른 사람들의 기대를 통제할 수 있어?"

"아뇨."

"사람들이 너를 어떻게 보는지, 뭐라고 생각하는지는 통제할 수 있어?"

"아뇨."

"네가 통제할 수 있는 건 네가 자신을 보는 방식뿐이야. 역경에 대응하는 방식과 네 생각을 재구성하는 방식이야. 생각은 현실이 되니까, 서맨사. 너의 걱정과 두려움은 인간이기 때문에 당연한 거야. 네가 로봇이라면, 아무 문제도 느끼지 못하고 걱정할 것도 없지. 서비스센터에 가서 그냥 어깨를 고치면 되니까, 그걸로 끝이야. 하지만 인간인 너에게 그 걱정과 두려움은 어떤 의미일까? 너를 시험하고 있는 거야. 지금 네게는 어떤 사람이 될지 결심할 기회가 있어."

그리고 내가 그녀에게 지금껏 한 말은, 이 결정적인 교훈을 말하기 위한 밑바탕이었다.

"네가 운동을 계속하든 하지 않든, 앞으로의 삶은 놀라울 거라고 생각해야 해."

서맨사가 거쳐온 삶을 돌아보면, 그녀는 이 교훈을 서둘러 배워야 했다. 그날의 면담은 그녀에게는 집중 훈련과도 같았다. 그녀는 투지가 넘치고 결심이 단호해서, 나는 그날 이후로 그녀가 이룬 일을 보고도 놀라지 않았다.

미시간대학에서 1년을 보낸 후, 그녀는 조지아대학으로 옮겼다. 조지아대학의 수영장에서 더 위대한 일을 성취할 기회를 얻었다. 그녀는 4학년 때 불독스Bulldogs 수영팀이 내셔널 챔피언십으로 진출하도록 도왔다. 이는 의사들이 그녀의 몸에서 종양을 발견해 1년을 휴학한 후에 이룬 업적이었다.

스포츠계에서 은퇴한 후, 서맨사는 동기부여 강연자이자 기업가가 되었다. 놀라운 엄마이기도 한 그녀는 딸 넷 중 하나가 심각한 심장 질환으로 병원에서 41일간 사투를 벌일 때 부모로서 최악의 시기를 겪기도 했다. 다행히도 딸은 건강을 회복했다. 지금은 서맨사 리빙스턴인 서맨사 아르세놀트는 18년간 전국을 돌며 강연과 세미나를 진행하면서, 모든 연령대의 운동선수와 기업 단체의 여성을 돕고 있다. 그녀의 테드 강연 〈금메달의 무게: 한 올림픽 선수의 회복으로 가는 여정The Weight of Gold: An Olympian's Path to Recovery〉을 찾아보는 것도 좋다. 내가 예상했듯, 그녀는 수영을 하든 하지 않든, 놀라운 삶을 이어가고 있다.

당신이 뛰어난 기량의 운동선수이든 혹은 뛰어난 사업가가 되려고 애쓰는 사람이든, 승리를 거뒀을 때 팬과 가족, 친구와 동료, 상사의 관심과 인정을 받고 싶은 마음과 이유를 이해한다. 국가가 울려 퍼지면서 국기가 게양될 때 금메달을 목에 걸고 수상대에 서 있을 그 순간을 위해 산다고 해도 비난할 수는 없다.

하지만 당신이 하는 일이 무엇이든 그 일에는 1차원적 이상의 의미가 있어야 함을 깨달았으면 한다. 자존감과 자긍심은 외부적 힘만을 기반으로 생겨나지 않는다. 외부적인 힘이 사라지면 어떻게 될까? 영웅이 되고, 인기를 얻어 수천 명이 당신의 이름을 외치는 영광이 평생 이어질 수 있을까? 그런 사람이 과연 있을까?

우리의 몸은 늙고, 아름다움은 시들해진다. 게다가 행복한 삶에 꼭 필요하다고 생각했을지도 모를 명예, 돈, 권력과 영향력은 하루아침에 사라진다. (그것이 우리를 얼마나 행복하게 할 수 있을까? 삶에서 부 이상의 것을 바라는 불행하고 우울한 백만장자가 없을까?)

결국 우리는 세상이 놓은 덫을 따라 자신의 가치를 결정하면 안 된다. 그 덫이 결국에는 우리를 실패하게 만들기 때문이다. 우리는 자기애와 자기 수용에 힘을 쏟는 자아를 만드는 법을 배워야 한다. 이기든, 지든, 비기든 삶을 즐길 줄 알고, 단점을 비롯해 자신을 있는 그대로 사랑하겠다고 다짐해야 한다.

서맨사가 그랬듯, 이것이 있든 없든,

- 나의 스포츠
- 나의 직업
- 나의 직함

그리고 이것이 어떻든,

- 집의 크기
- 자동차 종류
- 내 이름을 아는 사람의 수
- 내 SNS에 '좋아요'를 누른 사람의 수
- 내 SNS에 대한 대중의 평가

…우리는 놀라운 삶을 이어갈 수 있다.

매일 자책하는 게 효과가 있다면, 그렇게 하라.
불행한 현재에 만족한다면, 얼마든지 계속하라.

하지만 그것들이 더는 무의미하다면
자신을 어떻게 바라볼지, 자신에게 뭐라고 되뇔지
다시 설정하고 적용하라.

증언

마이클 파크Michael Parke

마이클 파크는 미시간대학에서 축구 선수로 활약했고, 현재는 런던비즈니스스쿨London Business School 교수로, 조직 행동을 가르친다.

"눈을 가린 소년이었던 나는 그를 만나고 마침내 눈을 떴다."

나는 미시간대학의 축구 선수였다. 나는 선발선수가 될 수 있다고 굳게 믿으며 2학년을 맞이했다. 당연한 이야기이지만 인생은 계획한 대로 흘러가지 않는다. 나는 시즌 전 훈련을 하다 부상당했고, 회복하고 돌아와서는 경기에 나름대로 잘 적응하고 있다고 생각했다. 하지만 결국 출전할 가능성이 거의 없는 예비 레프트백left back으로 시즌을 맞았다.

축구가 내 삶을 규정한다고 느꼈기에, 경기를 뛸 수 없게 되자 족히 한 달 반은 우울증이라는 수렁 속으로 빠져들었다.

바로 그때 그레그를 만났다. 나는 입을 떼자마자 너무 불공평하다고, 코치들이 일부 선수를 차별 대우한다고, 부상 때문에 내 실력을 증명할 기회가 없다고, 코치들이 나를 믿어주기만 하면 팀에서 최고의 선수가 될 수 있을 거라고 하소연했다.

내가 한창 징징거리며 불평을 늘어놓자, 그레그가 내 말을 끊었다. "인생은 원래 공평하지 않아. 그래서 어떻게 할 거지?"

그다음에 나는 몇 분간 잠자코 듣기만 했다.

"이건 축구에 관한 문제가 아니야. 네가 사람이 되느냐의 문제지. 네가 할 일은 코치들이 너를 어떻게 생각하든 최대한 자신감을 찾는 거야. 그래서 준비하는 데 집중하는 거지. 기회가 왔을 때 그걸 움켜쥐고, 절대 뒤돌아보지 않도록.

코치를 바꾸려고 하지 마. 네가 할 수 있는 일에 집중해. **통제할 수 있는 것을 통제해.** 코치들이 너를 경기장에 내보낼 수밖에 없을 때까지 100%의 노력으로 연습하고, 훈련하고, 반복해.

너는 축구 선수를 넘어 훨씬 더 위대한 사람이야. 축구는 학교 공부나, 인간관계처럼 너의 일일 뿐이야. 지금 행복하지 않다면, 바꾸면 돼. 그리고 벤치에 앉아 신세 한탄이나 하는 우울한 족속들은 피해야 해."

나는 그가 무슨 말을 하는지 알았다. 바짝 다가앉아서 코치들이며 다른 선수들을 두고 밀담이나 하는 후보선수들을 가리키는 것이었다.

"그 녀석들의 우울함이 너까지 지치게 할 거야. 일부러 피해를 주려는 의도는 아니겠지만, 그들은 네가 행복과 자신감을 되찾기 어렵게 할 거야."

메시지는 너무 간단했지만, 뺨을 얻어맞은 듯 정신이 번쩍 들었다. 눈가리개가 벗겨졌다. 비로소 정말로 무엇을 해야 하는지를 정확히 알 수 있었다.

그 후로 다시는 좌절을 겪지 않았다고 말하는 게 아니다. 삶에 대한 새로운 관점을 취하고, 지금의 나를 만든 여정을 시작하는 데는 많은 시간과 힘든 노력이 필요했다.

나는 결국 그해 경기에 출전할 수 있었다. 4학년이 되자, 선발은 물론이고 주장까지 맡았다. 지금은 런던비즈니스스쿨에서 조직 행동을 가르치는 교수로서, 미시간대학에서 그레그에게 배운 많은 가르침을 여전히 인생에 적용하고 있다.

그레그 하든은 내가 전에 본 적 없던 삶의 그림을, 내가 한번도 꿈꾸거나 가능하다고 생각해본 적 없던 현실을 그려주었다. 나는 그의 지도를 받으며 꿈꾸기 시작했다. 비로소 믿기 시작했고, 내가 되고 싶은 사람이 되겠다는 목표를 향해 성큼성큼 나아갔다.

그의 조언이 당신에게도 자기만의 여정을 시작하는 기회가 되었으면 좋겠다.

14장

모든 걸 잃었을 때 어떻게 해야 할까?

자신의 종목, 직업, 직함이 있든 없든 멋진 삶을 살아갈 방법을 말하는 김에, 세상을 손에 거머쥔 어린 풋볼 선수를 이야기해볼까 한다.

그의 이름은 워드 마누엘Warde Manuel이다. 그는 뉴올리언스에 있는 브러더 마틴Brother Martin 고등학교에서 풋볼을 했다. 1986년 졸업할 때 그는 '올 아메리칸 고등학교 1등 팀First-Team High School All-American'*의 일원으로 선발되었을 뿐만 아니라 수비수 주장으

---

* 미국 각 스포츠에서 최고의 아마추어 선수에게 수여하는 호칭이 '올 아메리칸All American' 이고, 일부 스포츠는 1등 팀first team, 2등 팀second team, 3등 팀third team으로 분류하

164

로도 임명되었다. 당시 올 아메리칸 팀은 캘리포니아의 할리우드에 초청받기도 했다. 고등학생 스포츠 스타를 유명인으로 대우하는 문화에서 열여덟 살의 소년은 그리 나쁘지 않게 삶을 시작했다.

그는 장학금을 받고 미시간대학에 입학했다. 나는 그렇게 워드를 알게 됐다. 그는 수비 라인맨이었는데, 미시간대학에서 모든 라인맨은 일정한 궤도를 따랐다. 신입생일 때는 유급 선수 redshirt로서 1년간 출전하지 않는다. 그동안 근육량을 늘려 대학 풋볼에 적합한 몸을 만든다. '유급 신입생(학업에서는 2학년이다)'일 때 성적이 좋으면, 경기장에서 백업으로 제한된 시간을 뛸 수 있다. 유급 기간 덕분에, 적격인 선수가 될 시간은 3년이 남아 있다. 몸을 만들어 경기에 조금씩 투입되면, 3학년이나 4학년에 마침내 선발선수로 출전할 기회를 얻는다.

워드 마누엘은 다양한 포지션으로 유급 신입생 생활을 시작했다. 그는 수비 라인맨과 아웃사이드 라인배커로 모두 출전할 만큼 다재다능하고 몸놀림이 빨랐다. 1988년 시즌에 접어들어, 그는 최우수 예비 3학년으로 프레더릭 매티Frederick Matthaie상*을 받았다. 그는 대학의 스타가 될 모든 신체적·정신적 무기를 갖췄

기도 한다.

* 미시간대 학생 중 체육과 학업에서 리더십과 추진력, 성취력을 모두 보여준 예비 3학년 풋볼 선수에게 주어지는 상이다.

고, NFL로 가는 길이 거의 보였다. NFL팀은 몸집이 크고 빠르면서 똑똑한 수비 라인맨이라면 다들 눈독을 들이기 때문이다.

그런데 이 궤도에서 이탈하는 사건이 터졌다. 심각한 목 부상을 당한 것이다. 부상을 딛고 운동을 하려 했으나, 몸이 곧 그에게 분명히 말했다. '너의 풋볼 경력은 끝났다'라고.

아주 어렸을 때부터 워드 마누엘은 자신을 오로지 풋볼 선수로만 정의했다. 풋볼은 그를 스타로 만들었다. 풋볼 덕분에 신문에 이름이 실렸고, 대학 스카우트 보고서에도 올랐다. 풋볼은 그를 고등학교 올 아메리칸 팀의 수비수 주장에서, 보 스켐베클러 밑에서 뛰는 미시간대학 선수라는 지위에까지 데려다 놓았다. 상황이 제대로 풀렸다면, 풋볼은 그를 NFL 드래프트까지, 그리고 수백만 달러를 받는 순간까지 데려다 놓았어야 했다.

하지만 느닷없이 여정은 끝났다.

나는 워드가 정체성 위기를 극복하는 모습을 지켜봤다. 그는 우울증과 절망으로 고통스러워했다. 하지만 학사과정을 마치기 위해 미시간대학에 남았고, 이제 남은 생을 위해 선택을 해야 했다. 그는 자신을 재정비하고, 재발견하고, 재정의해야 했다. 자신의 자아 정의를 재교육하고 재설정해야만 했다.

그의 주변에 있는 이들이, 심지어 대학 상담교사까지 좋은 직업을 얻으려면 서둘러 경제를 배워야 한다고 조언했다. 이 모든 조언을 거스르고 워드는 미시간대학에 남아 대학원에 진학했다. 그는 사회복지학 석사학위를, 다음에는 경영학 석사학위를 취득했다.

그는 인생으로 증명했다. 그는 러닝백에게 태클을 걸고 쿼터백을 공격하는 것만 잘하는 게 아니었다. 그는 여러 면에서 영리한 젊은이였다. 학업에서만이 아니라, 탄탄한 기본 상식을 바탕으로 세상을 보고 사람의 마음을 읽는 능력이 탁월했다. 그가 부상을 당하지 않았더라면, 그가 지닌 놀라운 능력을 우리는 절대알 수 없었을 것이다. 이제 그는 사회복지학과 경영학 석사학위와 함께 사회과학자의 안목을 지닌 사업가가 되었다.

그는 미시간대학을 떠나 조지아공과대학의 체육행정부로 옮겼다. 시간이 지나고 다시 미시간대학으로 돌아와 체육부 조감독과 체육부 부감독이 되었는데, 모두 경영학 석사학위가 그 기반이 되었다. 미시간대학을 떠난 후에는 버팔로대학으로 옮겨 체육 감독 자리에 올랐다. 그는 모든 디비전I 대학 중 가장 정체되어 있던 버팔로대학의 문화를 바꿔, 3년 만에 학교의 체육 예산을 1100만 달러에서 2500만 달러로 올려놓았다. 다시 코네티컷대학의 체육 감독으로 자리를 옮긴 그는, 여자 농구와 남자 농구모두에서 내셔널 챔피언십을 우승하는 전대미문의 위업을 달성하도록 도왔다.

워드는 운동선수 이상이었다. 그의 삶은 놀라웠고, 절대 뒤돌아보거나 자신을 안쓰럽게 여기지 않았다. 체육 감독으로 미시간대학으로 돌아온 워드는 이제 은퇴하면 안 된다고 나를 설득했다. 상상해보라. 풋볼 선수 말고는 아무것도 할 수 없었던 청년에게는 그리 나쁘지 않은 결과가 아닐까.

지구상에는 스스로 변화하면서, 자신과 세상을 보는 방식을 바꿀 수 있는 유일한 종이 있다. 삶에 변화가 찾아올 때, 인류의 일원인 우리는 행복해하거나 슬퍼하겠다고, 긍정적이거나 부정적인 사람이 되겠다고, 전념하거나 단념하겠다고 선택할 수 있다. 우리는 변화에 어떻게 반응할지 결정할 수 있다. 나이가 들면서 점차 찾아오는 변화든, 경력을 끝낼 수밖에 없는 부상처럼 갑작스럽게 오는 변화든 말이다.

12장의 메시지를 반복하겠다. 그것이 어쩌면 우리가 직면할 가장 큰 도전일지 모르기 때문이다. 절대 바뀌지 않을 유일한 진리는 **변화는 언제나 삶의 일부**라는 단순한 사실이다.

워드 마누엘의 사례처럼 갑자기 찾아온 변화가 평생의 꿈을 끝내야 할 정도로 극적이라면, 새로운 꿈을 찾아내야 한다. 그러려면 특별한 태도를 지닌 특별한 사람이 되어야 할 것이다.

자신에게 솔직하게 물어보라. 나는 그렇게 할 수 있을까?

워드 마누엘Warde Manuel

루이지애나주에서 고등학교 올 아메리칸 1등 팀에 속했던 워드 마누엘은 보 스켐베클러 밑에서 풋볼을 배우려고 미시간대학에 입학했다. NFL에서 뛰겠다는 꿈은 1989년, 운동을 접을 수밖에 없는 심각한 목 부상을 당하고 산산조각이 났다. 사회복지학과 경영학 석사학위를 받고 미시간대학 체육부에서 일한 후, 버팔로대학으로 옮겨 체육 감독이 되었고, 그 후에는 코네티컷대학으로 옮겼다. 2016년 그는 13번째 체육 감독으로 미시간대학으로 돌아왔다.

"부정성을 찬양하지 마."

어린 운동선수에게는 언젠가 삶에서 운동이 갑자기 사라질 수 있음을 알고 있는 것이 매우 중요하다. 나는 풋볼을 포기하기로 결정한 것이 아니었다. 부상이 너무 심해 더는 풋볼을 할 수 없었다.

그레그는 그때 내 삶이 NFL 경력 없이도 놀라울 수 있음을 깨닫게 해주었다. 그의 메시지는 항상 우리가 삶에서 어디쯤 있고 어떻게 도달했는지를 두고 변명하지 말라는 것이었다. 우리가 할 일은 그저 삶에서 자신과 주변의 성공을 이끌 수 있도록, 자신이 누구인지 계속 연구하고 준비하는 일이다. 그는 내가 어디에 있든 성공할 수 있도록 도왔다.

그레그는 말한다. "모여서 신세 한탄은 하지 말자." 부정적 태도는 난관을 헤쳐나가는 데 아무 도움이 되지 않기 때문이다. 늘 '인생은 고통이야'와 같은 생각에 빠져 있다면, 그 생각을 머릿속에 가둠으로써 부정성을 찬양하는 것과 마찬가지다.

그레그의 메시지는 늘 이렇다. "우리 실수를 인정하자. 같은 실수가 다시는 일어나지 않도록 변화하는 길에 자신을 올려놓자. 실수에서 뭘 배웠는지 떠올리자. 전보다 강해질 수 있도록 나아가자."

살면서 나쁜 일이 닥쳤을 때 그 일을 생각하지 말라는 뜻이 아니다. 나쁜 일은 우리를 신경 쓰이게 하고, 놀라게도 할 것이다. 중요한 건 오로지 그 일에만 빠져들면 안 된다는 뜻이다.

나아갈 길을 찾는 자신을 가로막지 마라.

그레그가 전해온 몇 마디.

잠깐만. 워드 마누엘이 내 삶과 경력을 어떻게 바꿔놨는지, 남을 도울 때 취해야 할 새로운 접근 방식을 만들고 개선하는 데 그가 어떤 도움을 주었는지를 말하지 않으면 나태한 사람이 될 것 같다.

워드가 뉴올리언스에서 왔을 때, 나는 이미 임상치료사이자 알코올

및 약물 전문가로 체육계에 몸담고 있었다. 당시 워드는 즐겁게 시간을 보내는 데만 몰두했었다고 말해두겠다. 나와도 즐겁게 시간을 보냈고, 나는 곁에서 그의 생활방식과 의사결정을 도와주었다.

몇 차례의 만남 후 워드는 내게 자신에게는 '정신과 의사'가 필요하지 않다는 점을 분명히 밝혔다. 그에게는 단지 믿고 비밀을 털어놓을 사람, 현실적인 조언을 해줄 사람이 필요했다. 내가 그를 '환자'가 아닌 진짜 아끼는 사람으로 대하지 않았다면, 나를 보러 오는 일에 관심이 없었을 거라고 말했다.

내게 그렇게 말하는 대학생을 쉽게 상상할 수 있을까? 하지만 정확히 내가 듣고 싶었던 말이기도 했다.

누군가와 이야기할 때 상대에게 임상적 개입이 필요한지, 아니면 그저 어른 친구이자 지지자가 필요한지를 빠르게 평가하고 결정하는 나만의 역학을 만드는 데 워드는 큰 도움이 되었다. 더 나은 상담교사이자 더 나은 사람이 될 기회를 준 그에게 앞으로도 항상 고마울 거다.

워드. 고마워.

15장

신뢰의 힘

"스켐베클러 코치님이 선생님께서 학교에 오셔서 선수들에게 강연해주셨으면 합니다."

1986년 내가 입실랜티Ypsilanti에 있는 병원에서 일하고 있을 때 전화가 걸려왔다. 수화기 너머의 사람은 풋볼팀 직원이었다. 그 직원에 따르면, 스켐베클러 코치는 내가 학교에 와서 선수들에게 약물과 알코올 남용의 위험을 주제로 강연해주기를 바랐다.

나는 3초 정도 생각에 잠긴 후 대답했다. "고맙지만 사양하겠습니다."

수화기 너머에서 짧은 침묵이 이어졌다. 예상한 대답이 아니었던 게 분명했다. 미시간대학 풋볼팀의 요청이 아닌가? 게다가 전설로 불리는 코치의 요청이었다.

직원이 마침내 입을 열었다. "거절하시는 이유를 물어도 될까요?"

"그쪽이 제게 요구하는 건 선수들에게 40분가량 왜 약물과 알코올이 나쁜지를 설명하면서 '미래를 생각해서 옳은 결정을 내려야 한다, 그냥 '노'라고 대답해라. 대단히 감사하다. 이만 안녕' 이라고 말하라는 거잖습니까. 그건 누구에게도 아무런 도움이 되지 않습니다. 그러니 거절하는 게 모두의 시간을 낭비하지 않는 방법이라고 생각합니다만."

직원은 고맙다고 인사하고는 전화를 끊었다. 그 후 그에게 다시 전화를 받으리라고는 생각지도 못했다. 2주 후 그가 다시 전화를 걸어왔다. 이번에는 "스켐베클러 코치님이 선생님을 만나길 원합니다"라고 말했다.

"그 자리에 또 누가 있습니까?"라고 물었다.

"다시 말씀해주시겠습니까?"

"저는 그 자리에 체육 감독이 함께 있었으면 합니다. 수석 트레이너를 비롯해 약물과 알코올 치료 프로그램에 참여해야 할 사람이 모두 함께 계시면 좋겠습니다."

그는 아마 나를 괴짜라고 생각했을—실제로도 괴짜였다—

테지만, 결국 내가 집행하는 공개 처형 회의에 모두를 초대하겠다고 동의했다.

마침내 회의 날이 다가왔다. 나는 체육부로 향했다. 대학 풋볼을 좀 아는 사람이라면 누구나 보 스켐베클러를 알 것이다. 그는 풋볼 프로그램이 수년간 고전을 면치 못하던 1969년에 코치직을 수락하고 하루에 2회씩 고강도 훈련을 강행했는데, 여름 훈련이 끝나갈 무렵에는 선수 140명 중 65명이 팀을 떠났다. 당시 그가 "남은 사람은 챔피언이 될 것이다"라고 했던 말은 여전히 유명하다. 팀은 오하이오주립대학에 패하면서 시즌을 마무리했는데, 상대편 코치는 그의 옛 친구이자 상사였던 우디 헤이스 Woody Hayes였고, 그 경기는 지금까지도 역대 가장 아까운 역전패로 남아 있다. 그가 수석 코치로 21시즌을 거치는 동안 팀은 194경기를 이겼고, 빅 텐 챔피언십을 13번이나 차지했다.

그런데 이것은 숫자에 불과하다. 숫자만으로는 그의 성격을 파악할 수 없고, 그가 얼마나 매혹적이고, 영감을 주면서도 동시에 위협적인지를 알 수는 없다. 그의 키는 173cm 남짓에, 당시 쉰일곱 살이었다. 그런데 키가 190cm가 넘고 몸무게가 130kg이 넘는 공격 라인맨도 그를 보면 공포스러운 위압감을 느끼고도 남았다. 나는 당시 너무 멍청했고, 심지어 자만심이 넘쳐서 나 자신이 어떤 상황에 빠져들어 가고 있는지조차 몰랐다.

직원은 회의실에서 나를 기다리고 있었고, 체육 감독과 수석 트레이너, 그리고 몇몇 관리자도 함께 있었다. 물론 보 코치도 있었다.

직원이 소개했다. "코치님, 이분이 그레그 하든이십니다."

나는 방에 있는 모두에게 감사 인사를 하면서 자리에 앉았다. 직원이 약물 남용 문제에 관해 말을 꺼내려 했지만, 보가 직원의 말을 잘랐다. 그는 내가 '구태의연한' 발상이라고 여기는, 학교의 무관용원칙과 남녀 공용기숙사가 위험하다는 시각을 전했다. 게다가 선수들에게 약물의 유혹을 거절하는 방법에 관해 정신이 번쩍 들게 할 매서운 강연을 해줄 사람이 필요하다는 생각도 말했다.

이제는 내가 말할 차례였다. 인상을 찡그린 보 스켐베클러의 매서운 시선을 받아보지 못한 사람에게 말하건대, 정말 평생 잊을 수 없는 경험이었다. 하지만 나는 이미 첫 번째 요청을 거절했고 모두를 이 회의에 참석케 했으니, 이제 미국의 우상과도 같은 코치에게 심각한 팀 문제에 대처하는 그의 접근 방식 전체가 완전히 틀렸다고 말해야만 했다.

"코치님, 그 방법도 틀림없이 문제를 바라보는 시각일 수 있습니다."

그는 내게 희미한 미소를 지으며 자세를 고쳐 앉았다. 내가 그에게 이의를 제기할 수 있으나 그러지 않았고, 내가 옳다고 주장하기 위해 그가 틀렸다고 말할 의도가 없다는 사실을 알아챈 미소였다.

나는 요점을 설명했다. "내가 강연을 한다고 칩시다. '노라고 말하세요. 인생을 망치지 마세요. 끝. 아멘.' 다음엔 어떻게 될까요? 선수 중 하나가 자신에게 이미 약물이나 알코올 중독 문제가 있다고 느낀다면 그는 어디로 가야 할까요? 그 선수에게 학교는 단지 무관용원칙이라고 말한다면, 누가 손을 들고 말하겠습니까?"

나는 계속해서 심각한 약물 남용 문제가 다른 팀원에게 미칠 수 있는 오염 효과에 관해 설명했다. 어떤 선수가 주말마다 술에 취하거나 흥분되어 있다면, 그가 혼자서 그렇게 되었겠는가? 또한 어떻게 너무 늦기 전에 문제를 발견할 것인가? 모두가 문제를 알게 될 즈음에는, 이미 걷잡을 수 없을지 모른다. 경찰이 개입되고, 선수들은 수갑을 찬 채로 끌려갈 수도, 어쩌면 심각한 자동차 사고로 무고한 사람이 다칠 수도 있다. 약물 문제는 개인에게만 영향을 끼치는 것이 아니라, 팀 전체와 대학 전체에 영향을 끼친다.

나는 말했다. "예방은 1단계에 불과합니다. 2단계는 개입입니다. 선수들이 아무 걱정 없이 나서서 도움을 받을 수 있는 포괄적인 프로그램을 개발하는 겁니다. 마지막 단계는 유지입니다. 자기 실수에 책임을 진 후에도 선수들을 프로그램에 계속 참여하게 하는 단계입니다. 코치님, 우리가 다루는 대상은 사람입니다. 그것도 열일곱 살에서 스물두 살 사이의 청소년이지요."

보가 이 대화를 곰곰이 곱씹는 사이 회의실에는 정적이 흘렀다. 마침내 그가 입을 뗐다. "그걸 실행하려면 어떻게 해야 합니까?"

그러고는 2주가 흘렀다. 나는 대학이 포괄적 개입 프로그램을 마련하도록 돕고 난 후, 나는 풋볼팀의 모든 선수 앞에 서 있었다. 스켐베클러 코치는 나를 소개하면서, 팀원들에게 내가 누구인지, 약물이나 알코올 혹은 어떤 문제든 도움이 필요한 선수들을 돕기 위한 프로그램을 어떻게 시작하게 되었는지를 설명했다. 코치는 1분간 팀원들에게 내가 하는 한마디 한마디에 주의를 기울이고, 집중하고, 새겨들으라며 엄하게 경고했다. 그다음 주도권을 내게 넘겼다.

"코치님. 이리 말씀해주셔서 감사합니다. 자, 친절한 소개가 끝나셨으면 코치님은 이제 자리를 비켜주셨으면 합니다."

코치는 주저하지 않았다. 나가 달라고 부탁하겠다고 미리 말해두었기 때문이다. 하지만 선수들은 처음 보는 광경이었다.

코치는 다시 한번 근엄한 눈초리로 팀을 쏘아보며 내 말을 잘 들으라고 당부했다. 그러고는 자리를 떴다.

그들의 당황스러운 표정이 보였다. 선수들은 전에 이런 장면을 본 적이 없었을 테다. "방금 무슨 일이 일어났는지 말씀해주시겠어요?"

이 모든 상황의 바탕은 신뢰였다. 일이 이렇게 흘러온 근저에는 신뢰가 있다. 나는 이 문제에 접근할 올바른 방법을 알고 있다는 내 판단을 믿었고, 그래서 현장에서 내 주장을 고수할 수 있었다.

더 중요한 건 스켐베클러 코치가 풋볼팀 앞에 나를 세워놓고 이 말을 했다는 것이다. 그 말은 '**나는 이 사람을 신뢰하고, 그가 내 팀을 위해 옳은 일을 하리라고 신뢰한다**'였다.

이런 말은 무엇보다 자기 팀을 우선시하는 사람에게서 나왔다. "어떤 사람도 팀보다 중요하지 않다"라고 그는 한 연설에서 말했는데, 이후로 대학 안팎에서 수천 번 인용하는 명언이 되었다. "어떤 코치도 팀보다 중요하지 않다. 오로지 팀, 팀, 팀뿐이다. 우리가 무엇을 하든 한마음으로 생각한다면, 그 태도가 팀에 어떤 영향을 미치겠는가?"

어느 팀이든 이끌 수 있는 사람에게서만 나올 수 있는 메시지다. 코치든, 매니저든, 학장이든 우리를 이끄는 사람이 우리가 팀 전체를 위해 최선을 다할 것이라는 신뢰를 보인다면, 그 신뢰

는 그들이 우리에게 보낼 수 있는 가장 긍정적이면서 힘을 실어
주는 메시지가 된다.

이러한 신뢰가 밑바탕이 되지 못했다면, 나는 절대 체육계에
서 일할 수 없었을 것이다. 내 삶은 아예 다른 길을 갔을지 모른
다. 나는 미시간대학에서 4년간 보와 함께 일했다. 그는 2006년
11월 17일, 미시간대학과 오하이오주립대학의 경기가 있던 전날
밤 세상을 떠났다.

나는 항상 보를 기억할 것이고, 그가 보여준 신뢰에 감사할
것이다.

16장

두 종류의 사랑

개인적 이야기를 잠깐 털어놓으려 한다. 아들 브라이언Brian이 열네 살일 때다. 녀석은 캘리포니아에서 제 엄마랑 살고 있었다. 나는 미시간에서 아들과 함께 사는 날을 고대하고 있었다. 아들은 주로 엄마와 지냈기 때문에, 나는 아들에게 남성적인 롤모델이 필요한 때라고 생각했다. 그래서 아들이 열다섯 살이 되면 데려오기로 계획했다.

물론 계획이란 늘 뜻대로 되지 않는 법이다. 브라이언의 엄마가 내게 전화해 "당장 브라이언을 데려가"라고 말한 날이 기억난다.

내가 물었다. "왜, 무슨 일 있어?"

"지금 데려가지 않으면, 내가 못살 것 같아."

열네 살짜리 자녀를 키우고 있다면, 이 상황을 이해할지도 모르겠다. 하지만 내게는 이 상황이 처음이었다. 준비할 새도 없이 브라이언은 내 곁의 미시간으로 왔다. 갑자기 나는 싱글 대디가 되었고, 새로운 상황에 맞추어 삶을 재조정해야 했다. 기왕이면 제대로 해내겠다고 결심했다. 브라이언이 제 엄마와 아빠가 자랑스러워할 남자로 성장할 수 있도록 훌륭하고 잘 짜인 삶을 제공하는 데 집중했다.

사실 우리 부자에게는 어려운 도전이었다. 우리는 우선 서로를 알아갈 시간이 필요했다. 하나씩 문제를 해결하면서 몇 달 안에 루틴을 만들어냈다. 고등학생인 브라이언은 아침에 일어나 등교했고, 나는 직장으로 출근했다. 아들이 하교하는 시간에 맞춰 나는 집에 도착해 있었다. 아들은 집에 오면 나와 함께 저녁식사를 하고 숙제했다. 밤에는 잠자리에 들고, 다음 날 다시 똑같은 일상이 반복되었다. 우리의 삶은 그렇게 돌아갔다.

그러던 어느 날이었다. 그날 일은 조금 전에 일어난 일처럼 생생히 기억난다. 스쿨버스가 도착해 문이 열렸고, 아이들 몇 명이 내렸다.

하지만 브라이언은 보이지 않았다.

이런 일이 전에도 한두 번 있었지만, 그때는 브라이언이 방과 후 학교에 남아야 하는 이유를 알았고, 집에 혼자 돌아올 다른 방법이 있다는 것을 알고 안심할 수 있었다. 하지만 그날은 아무 말도 듣지 못했기에 짜증이 났다. 나는 녀석이 집에 돌아오면 이 문제를 놓고 훈계해야겠다고 생각했다.

4시가 되었다. 나는 더 짜증이 났다. 4시 30분이 되자 화가 슬슬 올라왔다. 당시는 다들 손에 휴대폰을 들고 다니기 전이지만, 학교나 친구 집에 있다면, 어디서든 전화기를 찾아내 전화할 수 있을 터였다. 5시가 되자 몹시 화가 났고 5시 30분에는 화가 머리끝까지 치솟았다. 아들이 문으로 들어서자마자 이놈의 엉덩이를 걷어차주겠다고 되뇌였다.

5시 45분이 되자—시간이 정확하게 뇌리에 박혔다—내 안에 모든 게 바뀌었다. 전에는 결코 경험하지 못했던 기분이 들었다. 상상할 수 있는 모든 나쁜 일이 머릿속을 가득 메웠다. 모든 가능성을 말이다. 아들이 갱단에 가입하는 모습을 상상했다가 자동차 뒷좌석에 탄 채로 심각한 상황에 처해 있는 모습도 떠올랐다.

아니면 길거리에서 죽은 채 누워 있는 모습도.

아니면…. 이런 말까지 해야 할까? 열네 살짜리 흑인 남자아이는 미국에서 어디든 갈 수 있었다, 어디든. 아들이 잘못된 시간에 잘못된 장소에 있는 모습을 어떻게 상상하지 않을 수 있을까? 아무런 잘못이 없는 데도 백인 경찰관이 갑자기 폭력적으로 대응하는 상황을 어떻게 상상하지 않을 수 있을까?

찰나의 순간에 그 모든 상상이 동시에 떠올랐다. 아들은 누군가에게는 약간의 지도와 교정이 필요한 착한 고등학생이 아닐 수도 있다.

이 아이는 내 아들이다.

이 아이는 내 피와 살이다.

이 아이는 내 목숨과 맞바꿀 수 있는 사랑이다.

나는 그 순간, 나쁜 일이 정말로 아들에게 생기면 내 심장이 산산조각 날 것을 알았다. 내 삶은 망가지고 말 것이다. 이런 괴로움은 난생처음이었다. 내 인생에서 가장 긴 15분이 흘렀다.

6시가 되었고, 브라이언이 문을 열고 거실로 걸어 들어왔다. 나는 안도감에 휩싸였고, 분노가 눈 녹듯 사라졌다. 아들은 아마 깜짝 놀랐을 것이다. 집에 들어서자마자 허리케인이 휘몰아칠 줄 알았는데, 눈물이 그렁그렁한 아버지가 꼭 껴안아주었기 때문이다.

내가 삶의 뻔한 진리를 말하는 것처럼 들린다면, 용서해주길 바란다. 어머니라면 누구나 내가 느끼는 감정을 정확히 알고 있을 것이다. 생명을 몸 안에 열 달이나 품고 있던 어머니라면, 아이가 태어난 순간부터 매 순간 놀라며, 자신이 강력하게 자녀와 연결되어 있음을 느낀다. 어머니는 한순간이라도 그 연결이 위협받는다면, 남자들 대부분이 결코 이해할 수 없는 방식으로 공포를 느낀다. 그것이 어머니의 사랑이자, 신의 사랑이다. 조건 없이 한없이 베푸는 사랑이다.

아버지에게는 보통 다른 이야기가 펼쳐진다. 아버지의 사랑은 조건부다. 아니면 적어도 그렇게 느껴진다. '이것이 네가 되었으면 하고 내가 바라는 모습이야. 네가 그렇게 되면 너를 사랑할게.'

내가 브라이언에게 주었던 사랑도 그랬다. 나는 사랑을 매우 조심스럽고 결단력 있게 분류했다. '이게 너를 위한 프로그램이야, 아들아. 이렇게만 하면 내가 사랑할 젊은이가 될 수 있어.'

마침내 '다른' 종류의 사랑을 느끼게 된 순간까지 나는 그랬다. 어머니의 사랑. 아무 대가도 바라지 않고 아낌없이 주는 종류의 사랑을 알기 전까지 말이다.

그것이 브라이언 B. 하든이 그날 내게 가르쳐준 교훈이었다.

어머니의 무조건적인 사랑과 아버지의 조건부 사랑이 고정관념처럼 보일지도 모르지만, 이러한 구분은 사실이다. (부모님과의 관계에서 나는 확실히 그렇게 느꼈다.) 게다가 그 차이를 이해하는 것은 내 삶과 일에 심오한 영향을 미쳤다.

브라이언은 내가 이 두 종류의 사랑을 이해하고 가장 확실한 방법으로 이 둘을 결합하도록 도왔다. '나는 무슨 일이 있어도 너를 사랑해. 그렇지만 동시에 우리가 현실 세계에 살기 위해서는 항상 책임이 따라야만 한단다.'

나는 브라이언에게 바랐던 기대를 저버리는 방법을 배웠다. 살면서 어떻게 생각해야 하고, 무엇을 해야 하는지에 관한 기대 말이다. 그리고 아들을 있는 그대로 사랑하고 받아들이는 법을 배웠다(다행히 아들은 멋진 성인이 되어 내가 상상할 수도 없는 엄청난 일을 하고 있다).

이 아이디어는 내가 더 나은 카운슬러와 컨설턴트가 되는 데 도움이 되기도 했다. 더는 내가 만나는 대상이 학생 운동선수든, 고위층의 전문직 임원이든 중요치 않았다. 누구나 기본적인 욕구가 있다는 걸 알았기 때문이다.

누구나 사랑받고 싶어 한다. 누구나 있는 그대로 받아들여지고 싶어 한다.

6장에서 우리는 사람들이 어떤 방식으로든—수단이 건강하든, 건강하지 못하든—사랑과 수용에 관한 기본적인 욕구를 어떻게 충족시키려 하는지에 관해 이야기했다.

당신이 부모, 카운슬러, 또는 어떤 종류의 리더이든, 사랑과 수용의 욕구를 인식하는 것은 주변 사람에게서 최고의 성과를 끌어내는 가장 강력한 도구다.

우리는 사람을 있는 그대로 바라봄으로써 그 문을 열 수 있다. 단지 운동선수나 사업가 또는 내 성을 물려받을 아이가 아니라, 온전한 사람으로 봐야 한다. 우리가 그렇게 할 때, 그들에게 정말로 필요한 사랑과 수용을 주기 시작할 때, 우리는 그가 최고의 모습을 보이도록 도울 수 있다. 스포츠를 하든 하지 않든, 직함이나 억 단위의 연봉을 받든 그렇지 않든. 우리나 다른 누군가가 그들에게 바라는 것이 있든 없든 말이다.

이 두 종류의 사랑을 결합하면, 우리가 줄 수 있는 가장 강력한 선물이 된다.

17장

자기만의 사고방식에서 벗어나기

쿠퍼 매러디Cooper Marody는 미시간대학을 대표하는 하키 선수였다. 그는 2017~18년 시즌에 빅 텐 콘퍼런스의 득점왕으로, 그해 전미대학체육협회NCAA의 지역 준결승전에서 결정적 골을 넣었고, 지역 결승전에서도 골을 넣어 팀이 '프로즌4Frozen Four'*에 진출하는 데 큰 역할을 했다.

쿠퍼는 에드먼턴 오일러스Edmonton Oilers팀으로 이적하면서, AHL American Hockey League**의 2군에서 뛰기 위해 미시간대학을 1년

---

* NCAA 디비전의 4개 지역 챔피언을 칭하는데, 4개 챔피언 팀이 겨루어 내셔널 챔피언이 된다.

일찍 떠났다. 그는 오일러스팀의 1군에 잠시 올라가 NHL에서 뛰겠다는 꿈을 실현했을 뿐만 아니라 웨인 그레츠키Wayne Gretzky 가 한때 입었던 유니폼과 같은 유니폼을 입었다. AHL로 다시 내려간 그는 득점으로 팀을 이끌어 AHL 올스타팀에 뽑혔다. 이 글을 쓰는 현재, 그가 다음 시즌에 NHL로 복귀한다는 소식이 들려왔다.

현재 아이스하키 경기장에서 자신의 꿈을 펼치고 있는 쿠퍼 매러디는 2016년에 내 사무실에 처음 방문한 그 쿠퍼 매러디가 아니다. 어떤 면에서 쿠퍼의 이야기는 톰 브래디를 생각나게 한다. 사실 레드 베런슨Red Berenson 코치에게 나와 약속을 잡아달라고 요청한 쪽은 쿠퍼였다. 쿠퍼는 다큐멘터리 〈톰 브래디의 내면 속으로Inside the Mind of Tom Brady〉를 막 보고 난 후였다. 쿠퍼는 톰이 미시간에서 첫 시즌을 보내면서 운동을 그만두려 했을 만큼 힘들어했던 이야기를 들었다. 그때 톰이 내 사무실을 방문했고, 내가 그에게 자신을 믿기 시작할 때까지 어떤 코치도 그를 믿지 않을 거라고 말했던 일화를 보았다.

사실 쿠퍼의 상황은 겉보기에 당시 톰의 상황만큼 절망적이지 않았다. 그는 이미 내 사무실 의자에 앉겠다는 결심만으로도

** 내셔널하키리그NHL보다는 하위 리그이다.

슬럼프를 극복한 상태였다.

쿠퍼는 어느 리그의 경기에서든, 스타가 될 만큼 몸집이 크거나 몸놀림이 빠르다고 평가받은 적이 없었다. 그는 다른 하키 선수들처럼 대학에 오기 전에 주니어 리그에서 2년을 뛰었다. 그는 자신을 선택해준 주니어 팀에서조차 거부당하는 굴욕을 견뎌야 했다. 그들은 고등학교 선수로 쿠퍼를 선발했다가, 마음을 바꾸어 그를 훈련 캠프에 부르지도 않았다. 그래서 집에서 가까운 다른 주니어 팀을 찾아가, 아이스하키를 할 수 있게 도와달라고 간청했고, 자신이 얼음판 위에 설 자격이 있음을 증명해내야만 했다. 미시간대학으로 온 후에 그는 신입생치고는 훌륭하게 시즌을 마무리했는데, 32게임에 출전해 10득점과 14도움을 기록했다.

하지만 그 후 쿠퍼는 단핵구증에 걸려 수업에 들어갈 수 없었던 건 물론이고 침대에서 일어날 힘조차 없었다. NCAA는 결석을 이유로 그에게 2학년 시즌 전반부에 선수로서 부적격 판정을 내렸다. 그해 팀은 고전을 면치 못했고, 쿠퍼는 벤치에 앉아 팀을 지켜볼 수밖에 없었다. 다시 얼음판으로 복귀했을 때는 이미 17경기를 놓친 터라 쿠퍼는 전에 없이 자신을 밀어붙이기 시작했다. 그는 빈틈없이 플레이하려 했고, 얼음 위에서 모든 움직임을 지나치게 고민했다. 그의 몸은 치유되었으나, 정신은 치유

되지 못했다.

그때 쿠퍼가 나를 찾아왔다.

내가 그에게 왜 찾아왔는지 묻자, 그는 마음속 말을 털어놓았다. 쿠퍼는 미시간대학의 선수로서 아이스하키를 하고 싶었을 뿐인데, 시즌의 절반을 벤치에 앉아 팀이 패배하는 상황을 지켜본 후에는 예전과 같은 선수가 될 수 있을지 확신이 들지 않았다고 했다. 이제는 얼음 위에 설 때마다, 내면에서 자기 의심과 비난의 호통이 들려 두렵다고 했다.

실수할 때마다, 베런슨 코치의 눈총을 받을 때마다 내면에서 힐난이 들렸다. 모든 풋볼 선수가 보 스켐베클러에게서 받았던 살벌한 눈총을 기억하듯, 베런슨 밑에서 훈련받은 선수라면 누구나 그의 눈총을 기억하고 있다.

쿠퍼는 난생처음으로 아이스하키를 즐기지 못했다. 오히려 하키 때문에 점점 비참해지기만 했다. 그는 자기가 미시간대학에 적합한 사람인지, 심지어 하키라는 스포츠에도 적합한 사람인지 회의감이 들었다. 게다가 그는 베런슨 코치도 비슷한 회의감을 품고 있으리라고 확신했다.

나는 말했다. "코치가 너에 관해 뭐라고 생각하든 난 신경 안써. 어쨌든 코치는 네 머릿속에 이미 들어와 있고, 넌 거기에 맞춰 완벽해지려고 너무 애를 쓰잖아."

"하지만 코치님은 제가 그런 기분이 들게…."

"코치는 네가 어떤 기분이 들게 할 수 없어. 특정한 기분을 느끼게 하려고 어떤 말을 할 수는 있지. 하지만 궁극적으로 네가 느끼는 감정은 너한테 달린 거야."

(익숙하지 않은가? 통제할 수 있는 것을 통제하고 있는가?)

나는 쿠퍼에게 그 얘기를 잠시 생각하게 한 후, 중요한 질문을 던졌다. "네가 뛰었던 경기 중에 가장 훌륭한 경기는 언제였지?"

그가 깜짝 놀랐다.

"네 인생을 통틀어서 말이야. 네가 최고라고 생각하는 경기를 하나만 얘기해줘."

그는 스케이트화를 신고 설 수 있을 때부터 줄곧 하키를 했기 때문에, 과거를 돌아보고 생각하는 데 잠시 시간이 필요했다.

그가 마침내 대답했다. "하나만 꼽기는 어려워요. 하지만 수폴스Sioux Falls에 있을 때, 시즌 말에 챔피언십까지 진출한 몇몇 경기가 생각나요."

주니어 리그에서 2년 차 되던 해였다. 쿠퍼는 열여덟 살이었고, 자기를 받아달라고 설득한 머스키건 럼버잭스Muskegon Lumberjacks에서 사우스다코다주의 수폴스에 있는 스탬피드 Stampede팀으로 갓 이적한 후였다. 처음으로 나고 자란 주 밖으로 나와, USHLUnited States Hockey League*이라는 큰 무대로 뛰어들었다.

"왜 그 경기들이 최고였지?" 내가 물었다.

"모르겠어요. 거기서 정말로 궤도에 올랐던 것 같아요. 그동안 얼음 위에서 해왔던 모든 게 다 옳았다고 느껴졌어요."

"재미있었니?"

그는 기억을 떠올리며 미소지었다. "네, 재미있었어요. 하키를 했던 기간 중 최고의 시간이었어요."

"그렇다면 그 경기 중에는 무슨 생각을 하고 있었을까?"

이 말에 그는 갑자기 멍한 표정으로 나를 바라만 봤다.

"그 경기 중에 무슨 생각을 했는지 말해봐."

그가 대답했다. "아무 생각도 하지 않았어요."

"넌 아무 생각도 안 했고, 게다가 재미도 있었지?"

그가 망설이다가 대답했다. "네."

"넌 게임을 하고 있었으니까. 네가 너무 좋아하는 게임을. 그때는 그게 전부였던 거야. 네 머릿속에 다른 생각은 없었지. 알겠어? 넌 얼음 위에서 최고의 선수였어."

이것은 그날 쿠퍼가 배워야 하는 가장 중요한 메시지였다. 그는 자기 머릿속에서 빠져나오는 법을 배워야 했다. 얼음 위에 있든, 밖에 있든, 성공하기 위해서는 **자기만의 사고방식에서 벗어나**

---

* 미국 중서부와 그레이트플레인스에 위치한 16개 팀으로 구성된 주니어 아이스하키 리그로, 선수 나이는 16~21세이다.

는 법을 기억해야 했다.

나는 그에게 말했다. "지금 네가 하키를 하면서 즐겁지 않은 이유가 딱 하나 있어. 더는 재미있으면 안 된다고 결심했기 때문이야. 그래서 다음 연습 때는, 신중하고 의도적으로 아무도 너보다 더 재미있어 하면 안 된다고 생각했으면 좋겠어. 진심으로 말이야. 네가 너무 재미있어 해서 모두를 열받게 했으면 좋겠어. 네가 얼음판 위에서 뭘 하고 있기 때문에?"

"게임이요."

"맞아. 그러니 네 머릿속에서 빠져나와 신나게 플레이해."

그다음 주, 미시간 울버린스Michigan Wolverines는 오하이오주립대학의 버카이스Buckeyes를 상대로 싸웠고, 쿠퍼 매러디는 대학하키 선수가 된 이후로 첫 해트트릭(3득점)을 기록했다.

그는 컨디션을 회복해서 주니어 시즌을 훌륭하게 이끌었고, 빅 텐 1등 팀 선수로 뽑혔다. 또한 16득점 35도움을 기록하며 리그를 이끌었다. 나는 그가 1년 일찍 학교를 떠나서 아쉬웠지만, NHL의 부름을 받을 때는 으레 있는 일이다. 나는 여전히 쿠퍼와 연락하면서 기회가 닿을 때마다 서로 얘기를 나눈다. 그는 훌륭한 선수인 동시에 훌륭한 사람이기도 하다. 그는 재능 있는 음악가—2019년 여름에 첫 싱글앨범을 발매했다—이자, 독실한 기독교인이다. 또한 항상 올바른 선택을 하며, 주변에 있는 많은 하키선수 중에서도 두드러져 보일 용기가 있는 사람이다(하키 선수를 많이 만나본 사람이라면, 내가 무슨 말을 하는지 이해할 것이다. 그들은 얼음판 밖에서 '다채로운' 삶을 영위한다). 쿠퍼의 삶은 내가 '신앙을 기반으로 해결책에 집중한다'고 부르기에 완벽한 삶이다.

지금 쿠퍼는 최고 수준의 프로 하키 리그에서 뛰고 있어서, 가끔은 그의 경기를 볼 수 있다. 나는 경기를 모니터하면서 다시 자신을 압박하고, 코치에게 좋은 인상을 주려고 너무 열심히 애쓰고, 너무 열심히 노력하는 바람에 완벽해질 수 없는 그의 모습을 감지하기도 한다. 게임을 플레이하지 못하고 너무 많이 생각만 하느라 말이다.

그럴 때 나는 항상 그를 처음 사무실에서 만난 그날로 데려가 말한다.

"네 머릿속에서 나와. 스스로 만든 사고방식에서 벗어나라고."

잠시 자신의 삶을 떠올려보자. 우리는 얼마나 자주 그러한가?

- 자신에게 최악의 적인가?
- 지나치게 생각이 많은가?
- 다른 사람이 자신을 어떻게 볼지 걱정하는가?
- 자신을 자책하는가?
- 자신이 바꿀 수 없는 것을 걱정하고 있지는 않은가?

- 과거의 짐을 이고 다니면서 자신을 안쓰럽게 생각하는가?

이 중에 익숙하게 들리는 항목이 있는가? 나는 당신에게 스스로 만든 사고방식에서 벗어나는 법을 배우라고 말하고 싶다. 거울을 들여다보면서 자신을 가로막고 있는 것에 솔직해지기 바란다.

솔직해지면 **'통제 가능한 것을 통제하는 법**을 배워라' 라는 궁극적인 사명에 좀 더 집중하게 될 것이다. 자기만의 생각과 행동을 통제하는 법을 연습하고, 훈련하고, 반복하라.

혼자서 실천할 수 없다면, 신뢰하는 사람이나 전문가에게 도움을 청해보기 바란다. 그들이 당신에게 진실을 말하도록 허용하라. 혼자서는 볼 수 없는 것을 그들은 아마도 분명히 볼 수 있기 때문이다. 자기 행복을 방해하고, 잠재력을 충분히 실현할 수 없게 하는 내면의 장애물을 그들이 밀어버릴 수 있게 허락해라.

스스로 만든 사고방식에서 벗어나는 데 집중하라. 그리고 매일 그 일에 다시 전념하라.

자기만의 사고방식에서 벗어나는 데
매일 전념하라.

쿠퍼 매러디Cooper Marody

쿠퍼 매러디는 미시간대학 하키팀에서 3시즌을 뛰었다. 3학년 때 그는 올 빅 텐 1등 팀
First Team All-Big Ten에 속했고 득점으로 리그를 주도했다. 현재는 에드먼턴 오일러스팀
에서 프로선수로 활약하고 있다. 재능 있는 음악가이기도 한 그는 2019년 첫 싱글앨범
을 발매했다.

"하키는 제가 하는 일이지, 그게 곧 저는 아니에요."

그레그 하든은 내 삶에 엄청난 영향을 준 인물이다. 나는 늘 톰 브래
디를 존경했다. 그가 6차 드래프트에서 지목되었고, 나도 6차 드래프
트에서 지목되었기 때문이다. 그는 약체로 미시간대학에 입학했고,
나도 다르지 않았다. 어느 날 유튜브에서 다큐멘터리 〈톰 브래디의 내
면 속으로〉라는 영상을 보았다. 영상에서 톰은 그레그가 어떻게 자신
을 도왔는지를 이야기했고, 상담하면서 그레그가 자신의 내면을 꿰뚫
어봤다고 말했다. 그레그가 톰에게 한 말에 감명받은 나는 다음 날 베

런슨 코치에게 그레그와 면담할 수 있는지 물었다.

그레그의 사무실에 도착했을 당시 나는 너무 흥분한 상태였고, 한편으로는 그에게서 어떤 말을 들을지 불안하기도 했다. 영상으로 이미 영감을 많이 받았지만, 더 많은 메시지를 들을 준비가 되어 있었다. 하키 선수의 삶에 회의가 들 무렵이기도 했다. 당시 나는 자존감 전부를 하키에 걸었는데, 그 사고방식이 오히려 하키와 삶에서 나를 가로막고 있었다.

그레그는 톰 브래디와 면담했던 목적이 그를 훌륭한 풋볼 선수로 만드는 것이 전혀 아니었다고 설명했다. 그의 역할은 톰 브래디가 풋볼을 하든, 하지 않든, 그가 멋진 일을 해낼 수 있다고 설득하고 격려하는 것이었다. 내게 깊은 울림을 준 건 이 메시지였다. 나도 같은 위로가 필요했다. 하키를 하든, 하지 않든, 훌륭한 일을 해내리라고 그레그가 나를 설득해주기를 바랐다.

미시간대학 아이스하키팀에서 뛰는 건 내 평생의 꿈이었다. 그런데 막상 들어서니 하키를 즐기지 못했고, 때때로 비참한 기분까지 들었다. 아이스링크에 서 있는 것조차 싫었던 시절도 있었다. 성공에 집착한 나머지, 스스로를 지나치게 압박한 탓에, 잘하지 못하면 자존감에 크게 상처를 입었다. 경기를 망친 날에는 자신을 질책하면서 의심했다. 결국 선수뿐 아니라 한 인간으로서도 자신감을 잃고 말았다.

그레그는 이런 사고방식에서 나를 끌어냈다. 다른 선수와 다를 바 없이 나도 실패를 두려워하는 완벽주의자임을 객관적으로 들여다보게 해주었다. 그는 내가 매일 아이스링크에서 100%를 쏟아부어도 잘 풀리지 않는다면, 그 상황을 받아들이도록 도와주었다. 내가 통제할 수 있는 건 내가 쏟아붓는 노력뿐이고, 나머지는 알아서 돌아갈 일이었다. 그레그는 내 최악의 속성을 최선의 속성으로 바꿨다. 나만의 생각에 갇혀 항상 완벽해지려고 노심초사하고 애쓰는 대신, 그레그는 그 에너지를 나 자신이 나의 최악의 적이 되지 않게 하는 데 돌렸다.

그레그는 만족할 줄 모른 채 늘 더 많은 것을 원하는 성향을 올바르게 관리하면 좋은 방향으로 나아갈 수 있음을 알려주었다. 내게 성공을 즐기는 법을 알려주었고, 성공하는 데 있어 나의 공을 인정할 수 있게 도와주었다. 실패해도 괜찮다는 사실도 가르쳐주었다. 중요한 건 실패에서 무엇을 배웠고, 어떻게 대응했는지다. 이런 태도는 내가 더 좋은 하키 선수가 되도록 도왔을 뿐만 아니라, 삶을 즐길 수 있게 했다. 그레그는 내게 하키는 단지 게임에 불과할 뿐이라는 사실을 상기시켰다.

"네가 좋아하는 일을 하면서 돈까지 벌 수 있다면, 그렇게 하면 돼. 그 제안을 받아들여. 하지만 네가 좋아하기 때문에 하는 게임이라는 사실만 잊지 마."

이러한 사고방식은 내 정신을 묶고 있던 수갑을 풀어주었고, 하키를 하면서 내가 상상할 수 없었던 수준까지 오를 수 있다는 자신감을 심어주었다.

그레그는 '아웃라이어'*가 남들과 다르다는 사실도 알려주었다. 나는 대학 시절에 술을 마시지 않았는데, 가끔은 그 다짐 때문에 적응하기 어려웠다. 지금 돌아보면 내 결정이 자랑스럽고 만족스럽지만, 당시에는 내가 내린 선택이나 나라는 사람을 높이 평가하지 않았고 오직 하키에서의 성공만 평가했다. 그레그는 내가 계속 올바른 선택을 하도록 도왔을 뿐만 아니라, 그 선택을 포용하도록 했다. 그는 내가 남과는 확연히 다른 '아웃라이어'가 되리라고 북돋았다.

프로로서 첫 시즌을 끝낼 무렵 심각하게 부상을 입었다. 다행히도 부상은 극복했지만, 그 경험은 나에게 질문을 던졌다. '내게서 하키가 사라진다면, 나는 괜찮을까? 내 삶은 여전히 멋질까?'

이것이 그레그에게 배운 가장 중요한 진리다. 만약 신이 내게서 하키 능력을 거두어 다시는 장비를 착용할 수 없다 해도, 내 자존감은 괜찮다. 나는 여전히 멋진 삶을 살 테니까. 왜냐고? 하키는 내 가치를 정의할 수 없기 때문이다. 하키는 내가 하는 일이지, 곧 내가 아님을 그레그는 깨우쳐주었다.

---

* 원래는 통계치 범주를 벗어난 이상치를 의미하나, 한편으로는 각 분야에서 탁월하게 성공한 사람을 의미한다.

18장

자신의 SWOT 분석하는 법

예전에 상담했던 선수를 잠깐 소개할까 한다. 미시간대학의 그녀는 내가 '부정적 자기 대화'라고 부르는 사고방식에 갇힌 데다, 자신감까지 부족해 힘들어하고 있었다. 놀라운 건 그 선수가 통계나 수상 경력으로 보면, 이미 실력을 증명한 최고의 선수였다는 점이다. 그러나 그녀는 여전히 자신의 단점을 찾는 데 집착했다.

우리는 함께 이 집착의 뿌리를 열심히 찾았다. 왜 그녀는 자신에게서 긍정적인 면은 외면한 채 부정적인 면만 보려 할까? 나는 말했다. "자책은 효과가 없어. 네 사명이 비참하고, 부정적이고, 우울해지는 게 아니라면."

며칠에서 몇 주가 지나도록, 우리는 돌파구를 찾을 수 없었고, 그녀의 과거에서 계기가 될 만한 사건조차 찾을 수 없었다. 그녀의 삶은 훌륭한 부모님과 놀라울 만큼 지지해주는 코치들이 즐비한 동화책 같았다.

어느 날 그녀에게 말했다. "좋아. 이제 SWOT 분석을 할 시간이 된 것 같아."

"그게 뭐예요?"라고 그녀가 물었다.

"S-W-O-T. 넌 네 **강점**Strength과 **약점**Weakness을 살펴볼 거야. 그다음 네가 어떤 여성이 되고 싶은지 생각할 거고, 다음엔 그 목표에 도달할 **기회**Opportunity와 그 길에 방해가 되는 **위협**Threat을 생각해야 해. SWOT은 네가 누구인지, 전문가가 되려면 꼭 거쳐야 할 방법인 동시에, 네가 원하는 사람이 되려면 반드시 따라야 할 과정이지."

나는 그녀에게 종이 한 장을 가져와 가운데에 수직선을 그린 뒤, 한가운데를 가로질러 수평선을 그려 페이지를 4등분으로 나누게 했다.

상단 왼쪽에는 '강점'을 의미하는 대문자 'S'를 쓰고, 그 위에 자신의 기술과 좋은 태도, 자신이 남들에게 보였을 때 실제로 효과가 있었던 행동을 쓰게 했다. 상단 오른쪽에는 '약점'을 의미하는 'W'를 쓰고, 그 위에 아직 갖추지 못한 기술, 그다지 좋지 못했던 태도, 분명히 효과가 없었던 행동을 쓰게 했다. 하단 왼쪽은 '기회'를 의미하는 'O'를 쓰고, 자신이 이미 구축한 네트워크, 그녀의 삶을 지지하는 사람들, 자신이 놓인 유리한 상황을 쓰게 했다. 마지막으로 하단 오른쪽에는 '위협'을 의미하는 'T'를 쓰고, 이상적인 자아가 되는 길에 방해가 되는 부정적인 힘과 내부적 혹은 외부적 장애물을 쓰게 했다. (207쪽에 실린 워크시트에 자신에 대해서도 써보자.)

나는 그녀에게 각 카테고리의 목록을 나열하게 했다. 예상했듯, 그녀는 자신의 강점을 적는 데 힘들어한 반면, 약점은 신나게 써 내려갔다. 자기 삶의 기회와 위협을 식별하는 건 평균 이상이었다. 하지만 나는 첫 번째 카테고리에 집중했다. 그녀는 정말로 자신의 강점을 모르고 있었다.

그녀에게 전체 과정을 한 단계 더 깊이 들어가보자고 말했다. 그녀가 사랑하고 존경하는 두세 명에게 그들의 시각에서 바라본 자신의 SWOT을 적어달라고 부탁했다. 그들이 바라본 독립적이며 객관적인 목록으로만 4면을 채우도록 했다. 나는 그녀에게 '포장하지 않고 있는 그대로' 의견을 줄 수 있는 사람을 고르되, 동시에 그녀의 신뢰를 배신하지 않을 만큼 신중하고 배려심 있는 사람을 선택하게 했다. 우리는 때때로 자신의 눈으로 볼 수 없는 것을 남의 눈으로 볼 수 있는 경우가 있다.

그녀는 어머니와 수석 코치를 선택했다. 그녀의 삶에서 중요한 두 명이 그녀를 대신해 작성한 SWOT을 봤을 때, 나는 그 둘이 각자 그린 초상화가 어찌나 비슷한지를 보고 깜짝 놀랐다.

하지만 그녀는 강점을 무시한 채 그들이 작성한 약점에만 집중하며, "그래, 바로 그거야"라고 중얼거리면서 맞장구를 쳤다. 또한 그들이 지적한 약점을 읽으며 차례대로 인정했다. "엄마랑 코치님은 누구보다 나를 잘 알아."

내가 말했다. "이제 강점으로 돌아가보자. 어머니랑 코치가 뭐라고 썼지?"

그녀는 강점을 소리 내 읽지도 못했다. "두 분은 뭔가 써야 한다는 압박감을 느꼈나 봐요. 그래서 지어낸 것 같아요."

내가 물었다. "흥미롭지 않니? 둘이 같은 걸 지어낸다는 게? 그럴 확률이 얼마나 될까?"

그녀는 대답하지 않았다. 나는 계속 말했다.

"그래서 네 생각에는 어머니랑 코치가 네 모든 약점은 아주 정확하게 짚어내지만, 진정한 강점을 생각해내는 데는 완전히 무능하다는 말이니?"

그녀는 머뭇거리며 대답했다. "그런 말은 아니에요. 그냥 두 분은 나를 아끼시니까 강점을 빈 채로 남겨둘 수 없었던 거예요."

나는 그녀에게서 종이를 빼앗았다. "너는 그걸 누가 작성했든 똑같이 말했을 거야. 그들이 어떤 강점을 쓰든, 그 강점이 얼마나 일치하든지 간에. 그래서 난 네 말에 더는 수긍하지 못할 거 같아."

그녀는 나를 빤히 보기만 했다.

나는 말했다. "둘 중 하나만 골라. 부정적인 면과 긍정적인 면을 모두 믿든지, 아니면 둘 다 전혀 믿지 않든지. 뭘 선택할래?"

그녀의 선택에 따라 사고방식에서도 큰 변화가 찾아왔다. 그녀는 부정적인 자아 이미지에 대처해야 했고, 그것이 어디에서 왔는지를 발견해야 했다.

나는 다른 면담자들에게도 SWOT 기법을 사용하고 있다. 이 아이디어가 처음 나온 건 직무연수를 위해 미시간 경영대학원으로 돌아온 임원들을 대상으로 한 강연에서였다. 경영계에 몸담은 사람이라면, 사업에 적용하는 SWOT 분석에 이미 익숙할 것이다. 그렇다면 이를 자신에게 적용해보면 어떨까? 사업의 관점으로 자신을 분석해보자. 그다음 성공으로 가는 기회와 그 길에 놓인 위협뿐만 아니라 자신의 강점과 약점에 관한 자료를 체계적이고 과학적으로 모아보자. 결국은 자신에게 이렇게 묻는 것과 같다. '내가 하나의 사업체라면, 누가 내 미래에 투자하고 싶을까?'

자신의 삶을 두고 다른 사람에게 의견을 구할 때, SWOT을 이용하면 그 결과가 매우 흥미롭고, 의미심장하다. 주state 정치인의 보좌관이었던 한 젊은이가 기억난다. 그는 자신을 해고한 상사와 헤어진 전 여자친구에게서 SWOT 분석을 받아왔다. 당시에는 그에게 내색하지 않았지만, 나는 그가 엄청난 위험을 감수했다고 생각했다. 다만 그는 그들의 성격과 그들이 자신에게 진심이었음을 분명히 확신했던 것 같았다. 그다음 주에 이르러, 우리가 그들이 전한 SWOT을 함께 살펴봤을 때, 그 비평이 얼마나 자세하고 얼마나 통렬했는지를 충분히 상상할 수 있을 것이다. 그럼에도 이 남자가 솔직한 피드백을 받는 데 얼마나 진지했는지 부인할 사람이 있을까?

이 비판적 자기 평가 도구를 활용해보기를 바란다. 다만 '비판적 자기 평가 도구'라고 해서 지나치게 자기 비판적인 태도와 혼동하지 말자. 자신의 부정적인 면만 보고 긍정적인 면은 하나도 보지 못했던 젊은 여성처럼 말이다. 페이지를 같은 크기의 4분면으로 나눈 것은 그만한 이유가 있어서다.

자신의 강점과 약점에 솔직해지고, 성공을 위한 기회와 극복해야 할 위협을 계속 찾아라. 의외로 간단하다. 우리 삶에서 무엇이 효과가 있고, 무엇이 효과가 없는지를 계속 찾아내면 된다.

당신은 이 도구가 드러낼 통찰력에 깜짝 놀랄 것이다. 가까운 지인 두세 명에게 정직한 의견을 구한다면, 그래서 자신에 관해 볼 수 없는 것을 그들의 눈으로 볼 수 있다면, 훨씬 더 놀랄 것이다.

자, 누구에게 물어볼 것인가?

워크시트

자신의 SWOT 분석

나의 강점(Strength)	나의 약점(Weakness)
나의 기회(Opportunity)	나의 위협(Threat)

19장

집중하고 개선하고 유지하라

금요일 아침이었다. 한 청년 그룹에 강연하러 145km나 떨어진 작은 마을로 가던 중이었다. 모두 '고위험군'으로 분류된 청년들로, 열두 살에서 열여덟 살 사이였다. 대부분 약물과 알코올을 남용한 환경에 처한 결손가정 출신이었다. 대다수는 교도소 같은 사법시설을 이미 거쳤고, 다시 돌아갈 확률도 매우 높았다. 나는 현실적인 사람이다. 그들이 내 강연을 한번 듣는다고 한순간에 우등생으로 변하지 않는다는 사실을 잘 알고 있었다. 하지만 그들 중 한두 명에게라도 내 진심이 전해진다면, 바뀔 수 있을지도 모른다고 생각했다.

그들에게 무슨 말을 해줘야 할까?

나는 한 주를 돌아보았다. 월요일 아침에는 성과가 뛰어난 운동선수 그룹을 만나 올림픽에서 메달을 거머쥐는 목표에 집중할 수 있게 도왔다. 월요일 오후에는 한 토론 그룹에서 초대 연설자로 강연했다. 청중은 주요 도시의 시장, 공립학교의 관리자, 몇몇 대기업의 이사진들, 박사, 사회학자, 정신과 의사, 전국적으로 유명한 사회 운동가, 몇몇 종교 및 공제 단체의 지도자들이었다.

화요일 아침에는 한 대학 운동팀을 만나 내셔널 챔피언십 준비를 도왔다. 오후에는 네 가지 종목의 선수들과 개별 상담을 했다. 저녁에는 교도소 수감자들을 위한 워크숍을 진행하는 데 청년 몇 명을 데려갔다. 그들에게 자신의 정신과 결정, 자신의 감정, 궁극적으로는 자기 행동을 통제하지 못하는 사람이 맞닥뜨릴 운명을 보여주고 싶어서였다.

수요일에는 하루 종일 '힘들어하는 직원 관리하기'라는 주제로, 〈포춘〉이 선정한 100대 기업의 관리자들을 교육했다. 목요일 오전에는 최고의 성과를 내는 사고방식을 갖출 수 있게 선수들을 개별 상담했고, 한 선수가 잠재적 식이장애 문제에 대처하는 걸 도왔다. 우울증을 겪는 한 운동선수를 만나 우울증이 가끔 발생하는 문제인지 만성적인 정신건강 문제인지 함께 알아보기도 했다. 그다음에는 걱정이 가득한 부모님과 힘들어하는 코치들을 만난 후 오전 일과를 마무리했다. 목요일 오후에는 메타돈 methadone* 클리닉에서 중독을 치료 중인 그룹을 만나 '자기 패배적 태도와 행동'에 관한 세미나를 열었다.

목요일까지의 일정은 그랬다. 금요일 아침 고위험군으로 분류된 청년들을 만나러 가는 길에서 한 주를 돌아보며, 내가 했던 회의와 면담, 강연을 떠올려보니 보편적 진리와 같은 한 가지 공통주제가 있었다. 내 말을 듣는 사람이 교도소 수감자든, 회복 중인 중독자든, 올림픽을 위해 훈련하는 운동선수든, 내셔널 타이틀을 위해 경쟁하는 선수든, 대기업의 경영인이나 이사회 임원이든, 학교 관리자 혹은 시장이든, 그들은 모두 같은 것을 원했다.

그들은 자기 삶이 더 나아지기를 원했다.

단어가 약간 다르고, 누군가에게는 좀 더 절박하게 들릴 수 있지만, 기본 메시지는 똑같다.

나는 강연을 시작했다. "여러분은 모두 갈림길에 있습니다. 자기 삶을 더 낫게 하고 싶다면, 일단 집중해야 합니다. 그게 첫 번째입니다. 두 번째로는 자기가 하는 모든 일의 성과를 개선해야 합니다. 셋째, 시간이 지나도 그 성과를 유지할 계획을 세워야만 합니다."

---

* 헤로인 중독 치료에 쓰이는 약물이다.

집중하라.

개선하라.

유지하라.

나는 이들 한 명 한 명에게 그 주에 내가 만난 사람과 그들의 공통점이 얼마나 많은지 떠올려보게 했다. 그들이 재판을 몇 번이나 받았든, 얼마나 힘든 고난을 견뎠든, 얼마나 아찔한 성공이나 비참한 실패를 겪었든, 모두 자기 삶이 더 나아지기를 원했다. 그리고 그 꿈을 실현해가는 과정에서 수감자와 중독자, 운동선수나 CEO는 저마다 같은 두려움과 자기 의심에 직면했다. 이는 지구상에 있는 모든 이의 공통점이다.

집중하라.

개선하라.

유지하라.

첫 단계인 '집중하라'는 필수적이지만 우리는 종종 간과한다. "그래, 당연히 더 나은 삶을 원하지. 누군들 안 그러겠어?"

이런 식이면 안 된다. 그대로 멈춰라. 그리고 말로만 하지 말고 당장 행동으로 옮겨라. 이전까지의 자신을 멈추고 제대로 해보자. 자신에게 이렇게 묻는 것부터 시작하라.

내게 중요한 건 무엇일까?

나는 삶에서 무엇을 성취하고 싶을까?

목표를 달성하려면 무엇을 개선해야 할까?

지금 당장 집중하라. 꼭 필요한 것들을 개선하는 데 전념하라.

좋다. 이제 해냈으면, 어떻게 바꿀지 생각하자. 수업에서, 집에서, 연인관계에서, 직장에서, 여가에서 한번에 하나씩 변화를 만들고 개선하라.

계속 노력하라. 오늘도, 내일도, 절대 멈추지 마라.

꾸준함은 목표를 달성하는 비결이다. 긍정적인 변화와 절정의 성과를 유지하라. 이렇게 해낸다면, 장담하건대, 우리가 성취할 수 있는 일에 한계는 없다.

집중하라.

개선하라.

유지하라.

이것이 우리를 다음 레벨로 데려가고, 한때 불가능하다고 생각했던 목표에 도달하게 할 것이다. 역경을 극복하고, 상처나 중독에서 회복하게 할 것이다. 교도소에서 멀어지고, 학교로 돌아가고, 경력을 쌓고, 소득을 늘려가고, 스스로 세운 목표는 무엇이든 달성하게 할 것이다.

우리의 행동을 바꿀 것이다.

우리의 사고방식을 바꿀 것이다.

우리의 삶을 바꿀 것이다.

집중하라. 개선하라. 유지하라.

조너선 사톱스키Jonathan Satovsky

미시간대 졸업생인 조너선 사톱스키는 그레그가 몇몇 운동선수의 삶에 미친 영향을 접하고 그레그에 관해 모든 걸 알아보기로 마음먹었다. 그리고 2018년 마침내 그레그와 만났다. 그는 뉴욕에 있는 '사톱스키 자산운용사'의 설립자이자 CEO이다.

**"그레그 당신은 나를 몰랐겠지만,
당신은 이미 저를 가르치고 있었어요."**

나는 앤아버에서 태어났고, 평생 미시간대학의 팬이었기 때문에 그레그 하든을 만날 수밖에 없는 운명이었다. 이런 환경에서 성장하지 않은 사람이라면 그 영향력이 얼마나 강력한지 이해하기 어려울지 모른다. 나는 미시간대학의 일부가 된 덕분에 우정, 성공과 실패, 드라마 등 다양한 순간을 경험할 수 있었다. 내 관심은 계속 미시간대학과 미시간대학의 스포츠로 향해 있었다. 그러던 어느 날 TV 프로그램 〈식스티 미닛60minutes〉에 출연한 그레그 하든을 보았는데, 특히 톰 브래디와 나눈 인터뷰 장면이 인상적이었다. 금융업계에 종사하면, 저 아래 감춰진 진실을 찾기 위해 상당한 주의* 의무가 무엇인지 알게 되고, 보통 사람보다 더 깊이 파고드는 법을 배우기 마련이다. 나는 수년간 그 과정의 중요성을 깨달았다. 롤모델과 가까울수록, 깊이 파고들수록 결국 실망스러운 사실을 알게 되었고, 이 '가짜 우상'이 약간 지겨워지기도 했다.

하지만 그레그 하든은 알면 알수록, 그를 꼭 만나야겠다는 소망이 확고해졌다. 그래서 미시간대학에서 주최하는 행사에 참석했다. 내가 늘 그레그 하든에 관해 이야기하는 걸 알고 있던 친구가 그레그가 그 행사에 온다고 알려줬기 때문이다. 그가 다른 사람과 대화를 끝내고 있을 즈음, 그에게 다가가 어깨동무를 하자 그는 '당신은 대체 누구야?' 하는 표정으로 나를 쳐다보았다. 나는 말했다.

"지난 몇 년간 멀리 떨어져 있는 당신이 내 삶에 미친 지대한 영향에 감사하다는 말씀을 드리고 싶었어요. 당신은 아버지로서, 경영주로서, 코치로서, 리더로서, 친구로서, 매일 더 나은 버전의 자신이 되기를 갈망하는 한 사람으로서 내 삶을 바꾸어놓았습니다. 미시간대학을 위해 하신 모든 일에서 롤모델이자 멘토로서 영감을 주신 데 감사드리고, 고비를 앞둔 학생들이 성취하도록 도와주셔서 감사드립니다. 호수에 던진 조약돌처럼 당신의 파급 효과는 대학을 넘어 100만 명의

---

* 의사결정 전에 적절한 주의를 다하는 책임으로 인수 또는 투자 대상 회사의 현 상태를 평가하는 과정이다.

미시간대학 동창생에게까지 퍼졌습니다. 당신이 바꿔놓은 삶에서 뻗어나간 파급 효과는 계속 퍼져나가 당신을 만난 적도 없는 수많은 사람에게까지 영향을 끼치고 있어요. 긍정성과 변화와 리더십을 갖추도록 대중을 도왔습니다."

'리더와 최고가 되어라'는 표어가 미시간대학의 상징인데, 그레그 하든은 내가 만난 누구보다도 그 상징을 잘 보여준다.

나는 지난 몇 년간 코칭에 관해 정말 많은 걸 배웠다. 코칭에 관해 배울 수 있는 건 무엇이든 집착했다. 그로써 내가 깨달은 한 가지는 1%의 변화만으로도 시간이 지나면 삶에서 거대한 변화를 만들어낼 수 있다는 것이다. 그레그의 마술은 (과장 없이 솔직하게 말해) 한 사람의 관점과 태도의 작은 변화가 어떻게 엄청난 영향을 끼칠 수 있는지 스스로 경험하게 한다. 그 작은 변화를 충분히 이해하게 하고, 연습하게 한 다음 자기 삶이 어떻게 달라졌는지 느끼게 하는 것이다. 어떻게 데즈먼드 하워드가 팀을 떠나고 싶던 선수에서 하이즈먼 트로피를 받게 되었는지를 보라. 어떻게 톰 브래디가 낙담해서 집에 가려 했던 4군 선수에서 풋볼 역사상 최고의 선수가 되었는지를 보라. 그들은 사고방식과 태도에서 생겨나는 미묘한 변화를 받아들였고, 그들에게는 변화를 가능케 한 누군가가 옆에 있었다.

스포츠 세계에서는 항상 승자와 패자가 분명하게 있다. 게임이 끝나고 우리는 점수판을 본다. 그러나 삶에서는 우리가 이기고 있는지 혹은 지고 있는지를 구분하기가 항상 쉽지만은 않다. 우리 업계에서는 우리가 얼마나 돈을 많이 벌었는지를 보여주는 점수판이 있다. 나도 한때는 '장난감을 가장 많이 가진 사람이 이긴다'라는 바보 같은 포스터를 붙이고 다녔던 사람이지만, 이제는 그것이 올바른 점수판이 아니었음을 안다. 그레그는 내 삶에서 성공이 무엇인지를 제대로 알도록 일깨워주었다. 사랑하는 사람을 위해 옆에 있어주고, 온전히 관심을 쏟고, 매 순간 열정적으로 참여하는 것이 이기는 것임을 깨닫게 해주었다.

낙천적이고 건강한 방식으로 소통하기 위해, 오로지 나만이 아닌 우리를 위한 세상을 만드는 데 똘똘 뭉쳐야만 한다. 내가 이기고 상대방은 지는 상황에서 나는 무엇을 해야 할까가 아니라, 모두에게 이익이 되는 상황에서 우리가 함께 무엇을 할 수 있을지를 고민해야 한다. 반드시 한쪽이 이기고 한쪽이 지는 세상이 될 필요는 없다. 모두 이길 수 있다.

그레그가 가르치던 바와 같이 모두가 열린 정신과 마음으로 곁에 있어준다면, 보 스켐베클러가 말한 대로, 팀의 단결이 전부인 상황에 톰 브래디와 데즈먼드 하워드 같은 사람이 등장한다면, 그래서 서로 의지할 수 있다고 믿는 팀과 문화 공동체를 만들 수 있다면, 그렇게 모두가 다른 사람보다 더 잘 보이려 하기보다 한마음으로 단합할 수 있다면… 이러한 메시지는 스포츠를 넘어서 가족 관계든, 결혼생활이든, 사업이나 국가에서든 삶의 모든 면에 매우 깊이 뿌리박힌다. 그리고 이는 모든 것을 초월한다.

20장

나쁜 습관과 좋은 습관 만들기

젊었을 적 나는 사람들과 얘기를 나누는 데 상당한 애를 먹었다. (지금의 나를 아는 사람이라면 웃을 테지만, 사실이다. 나는 타고나기를 내성적인 사람이다.) 처음 만나는 사람과 대화하는 게 특히 어려웠다. 내가 가진 또 다른 문제점은 갈등을 처리하는 방식이었다. 나는 갈등을 피하거나 제거하려고 무슨 짓이든 했다.

그래서 동네 밖으로 나갈 때마다 의도적으로 이런 실험을 시도하곤 했다. '나는 낯선 남자와 여자에게 먼저 다가가 잡담을 나눌 것이다. 갈등을 일으키는 일이 있더라도, 나는 나를 옹호할 것이다. 아무도 나를 모르고, 아무도 나를 다시 볼 일이 없는 낯선 곳이라면, 편한 마음으로 완전히 새로운 성격이 되어 볼 수 있다. 나는 이 실험을 게임 삼아, 자신과 경쟁할 것이다.'

나는 이 게임으로 훈련하면서 낯선 사람과 편안하게 이야기 하고, 자신감을 채웠다. 일부러 갈등을 일으킬 필요는 없지만, 갈 등을 피하려고 뒷걸음질칠 필요도 없었다. 나는 이 시도가 몸에 배면 좋은 습관이 되어 삶을 더 낫게 하리라는 걸 알았다.

우리가 앞에서 얘기한 '자기 패배적 태도와 행동'(7장 참조)과 '자기 지지적 태도와 행동'(8장 참조)도 수년간 몸에 밴 순수한 습 관으로 볼 수 있다. 자신에게 부정적인 자기 대화—예를 들어, 항상 자신을 비난하고 항상 자신에게 바라는 기대치가 낮다—를 하는 습관이 있다면, 멈춰서 어떻게 이것이 습관이 되었는지를 자문해보자. 언젠가부터 오랫동안 꾸준히 해왔기 때문에 습관이 되었을 것이다. 무엇인가를 계속하다보면 자연스러워져 자신의 일부가 된다. 그것이 습관이 된다.

그러면 반대로 생각해보자. 나쁜 습관을 만드는 방식이 이렇 다면, 좋은 습관을 만들 때도 같은 방법을 사용할 수 있지 않을 까? 아니면 자신의 나쁜 습관을 좋은 습관으로 대체하는 건 어 떨까? 심지어 나쁜 습관이 좋은 습관을 촉발하도록 할 수도 있지 않을까?

하루아침에 바뀌진 않겠지만, 어떻게 이런 사고방식을 작동할지 생각해보자. 우선 자신을 연구해야 한다. 자신을 실험 대상으로 여기는 과학자가 되어야 한다. 나쁜 습관이 얼마나 자주 나오는지 자신을 지켜보자. 구체적으로 어떤 상황이 나쁜 습관을 끌어냈는가?

이것이 첫 번째 단계인 '인식'이다. 나쁜 습관이 몸에 뱄을 때 주의 깊게 자신을 살펴보면, 그 습관이 튀어나오는 횟수에 깜짝 놀랄 수 있다.

두 번째 단계가 핵심이다. 어떤 사람들은 자기 습관을 전혀 의식하지 못한다. 또 나쁜 습관에 젖어 있는 자신을 볼 때 자책하는 사람들도 있다. 그러면 나쁜 습관 위에 나쁜 습관이 하나 더 쌓이는 셈이다. 자책하는 대신, 내가 부탁하고 싶은 건 이거다. 나쁜 습관에 빠진 자기 모습에 재미있어하고, 즐거워하라. 나쁜 습관이 튀어나올 때마다 자기에게 상처 주는 대신 그런 자신을 웃어넘기는 법을 배우면, 나쁜 습관을 좋은 습관으로 대체할 기회가 더 많아진다.

이제 세 번째 단계다. 나쁜 습관을 들인 자신을 볼 때 자신을 용서하고 심지어 그 모습을 재미있어하고 즐거워할 수 있다면, 이제는 신중하고 의도적으로 나쁜 습관 대신 무엇을 할지를 결정해야 한다.

- 나는 자신을 파괴하기보다는 격려할 것이다.

  (이런 태도는 다른 사람들도 격려하게 한다.)
- 나는 자신을 하대하기보다는 옹호할 것이다.

  (남들을 옹호하는 태도도 포함한다.)
- 나는 분노를 드러내기보다는 인내심 있게 대응할 것이다.

이것이 우리의 새로운 습관이 될 수 있다. 처음에는 자신을 속이는 것처럼 느낄 수 있다. 맨 처음에는, 처음 열 번은, 어쩌면 처음 100번까지도. **'성공할 때까지 성공한 척해라'**라는 비슷한 속담도 있지 않은가? 스스로 그렇게 느껴도 괜찮다고 포용하고, 실패해도 괜찮다고 다독이자. 늘 효과가 있지는 않을 것이다. 특히 처음에는 더욱. 하지만 계속해야 한다. 새로운 습관을 삶의 일부로 만들면, 그 습관이 자신의 일부가 될 것이다.

그리고 간단하다는 건 쉽다는 뜻이 아님을 잊지 마라. 이 과제가 간단해 보일지라도, 자신을 변화하고 재창조하는 데는 진지하게 집중해야 한다. 뭔가를 할 수 없다고 확신하면 시도조차 하지 못할 수 있다. 그러니 필요하다면, 용기를 내어 도움을 청해보자.

21장

완벽하지 못해도 괜찮다

최고 중 최고를 뽑는 대학에서 일하다 보면, 필드와 농구코트, 야구장, 아이스링크, 육상 트랙 안팎에서 스타 반열에 오르고 싶어 거대한 꿈을 품고 전 세계에서 몰려드는 운동선수를 만날 수 있다. 젊은 완벽주의자들을 만나는 셈이다.

이들은 자신이 하는 모든 일에서 완벽해지려고 집착하는 데 시간과 에너지를 전부 쓴다. 체조 선수는 이런 태도에 딱 들어맞는 상담 대상 목록 중 상위에 있다. 체조 선수는 네 살 때부터 일과의 모든 루틴에서 10점 만점을 받기 위해 훈련에 임한다. 그들이 디비전I 수준에서 뛸 만큼 실력이 좋다면, 거기까지 이루는 내내 10점 만점을 여러 번 받았을 것이다. 게다가 그들은 완벽하게 착지해야 할 뿐만 아니라 얼굴에 미소까지 환하게 지어야만 한다! 그야말로 완벽해야 한다.

수십 년간 상담한 운동선수와 프로선수 중에 완벽해지려고 애쓰면서 실패를 두려워하고, 모두를 실망시킬까 봐 두려워하는 사람들이 얼마나 많았는지는 셀 수가 없다. 〈메리 포핀스Mary Poppins〉*에 등장하는 대사를 인용하면 '사실상 모든 면에서 완벽해'지겠다는 부담은 너무 무거워서, 나는 많은 젊은 선수가 그 무게에 짓눌려 고군분투하는 과정을 보아왔다. 카운슬러가 되려고 공부할 때 배웠던 첫 번째 가르침은 '완벽한 사람은 아무도 없다'였고, 따라서 완벽해지려고 애쓰면 결국 실망만 하게 된다는 것이었다.

일리 있지 않은가? 하지만 나는 그 말을 믿지 않는다.

맞다. 나는 여기서 모두의 예상을 벗어나고자 한다. 완벽주의에 집착하는 사람을 만날 때마다 내가 전하는 첫 마디는 '그대로 밀고 나가서 정말 완벽해지려고 노력해라'다.

시험에서 100점을 받아라. 철봉에서 10점 만점을 기록해라. 완벽해지는 것은 그 자체로 흥분되지 않은가!

---

* P. L. 트래버스P. L. Travers가 쓴 8권짜리 동화 시리즈로, 1934년 이후 계속 출판되고 영화화되고 있다.

다만 완벽해지리라고 그저 기대만 하지 마라. 완벽해지라고 요구하지 마라. 재앙으로 가는 지름길이기 때문이다.

자, 나는 완벽주의가 나쁘다고 말하려는 게 아니다. 내가 하려는 말은 균형을 잡아야 한다는 것이다. 조화를 이루어야 하고, 자신을 온전한 사람으로 여겨야만 한다. 음과 양, 혼돈과 질서 사이의 균형 말이다. 진짜 세상에서 살아가는 우리 내면에는 이 모든 게 있다.

우리는 인간이고, 실수는 인간의 속성이다. 만약 우리가 어떤 인간도 성취할 수 없는 완벽주의를 자신에게 요구한다면, 자기애와 자기 수용을 방해하는 짓이다. 야구 선수라면 4타석 4안타로 10할(1.000)의 타율을 올려라! 가능하다면 누가 마다할까? 하지만 실수할 때마다 부정적 자기 대화만 한다면, 앞으로 실수를 다섯 번 더 할 가능성만 키우는 꼴이다. 자책하는 데 너무 몰두해 있고, 교체될까 봐 걱정하고, 나쁜 평을 들을까 봐 걱정하며, 터무니없이 높은 자신의 기준을 충족하지 못할까 봐 걱정하면서 말이다.

부정적 자기 대화는 효과가 없다. 자책하고 걱정하는 방법도 효과가 없다. 모두 쓸모없는 짓이다.

자신의 완벽주의가 어디서 왔든(완벽주의를 추구하도록 양육되었을 수도 있고, 어쩌면 코치를 잘못 만나 머릿속에 주입되었을 수도 있고, 태어날 때부터 그런 성향이었을 수도 있지만) 자신의 완벽주의와 현실이 균형을 이룰 때 성공할 확률이 가장 높다고 자신에게 타일러야 한다.

우리는 실패를 두려워하면 안 된다. **실패를 두려워하면 성공도 두려워하게 된다.**

어린 시절을 생각해보자. 자전거 타는 법이나 프리스비Frisbee 던지는 법을 배울 때, 처음 시도할 때는 거의 불가능해 보였던 무언가를 배울 때를 떠올려보자. 네 살 무렵 아버지에게 자전거 타는 법을 배우면서 아버지가 밀던 자전거를 손에서 놓았을 때, 자신의 꼴이 우스워질까 봐 걱정했는가?

아니다. 우리는 넘어지는 것만 걱정했다. 그리고 정말로 넘어져 땅바닥에 고꾸라졌다. 하지만 곧 일어나 먼지를 툭툭 털고 다시 페달을 밟았다. 그렇게 마침내 혼자서 자전거를 탈 때까지 수십 번 넘어졌을지도 모른다.

그렇다면, 이제 어른이 된 우리는 왜 실패를 그토록 두려워할까?

'나는 바보처럼 보이고 싶지 않아. 남에게 좋지 않은 평가를 받고 싶지 않아.'

그런 생각은 멈춰라. 당장 집어치워라. 실패는 삶의 일부에 불과하다. 실패에 압도당해서는 안 된다. 실패를 계기로 성장하고 발전해야 한다. 무엇이 효과가 있고 효과가 없는지를 배울 기회로 여겨라. 실패한 다음에 다시 가늠하고 시작하라.

자신에게, 또한 우리에게 인정받으려고 애쓰는 다른 사람들에게 비현실적 기대를 품는 것을 멈춰야만 한다. 그리고 다른 사람들이 내게 실망할까 봐 걱정하는 것도 멈춰야 한다. 완벽주의자들은 이 두려움에 사로잡힌 나머지, 다른 사람들도 자기 문제에 몰두하느라 타인을 생각조차 하지 않는다는 사실을 잊어버린다. 다른 사람들을 실망시킬까 봐 걱정할 때, 정작 자신에게 실망하는 사람은 보통 자신뿐이다.

나는 여전히 완벽주의자가 좋다. 그들을 보면 즐겁다. 완벽주의자인 당신에게 내가 완벽주의에 압도되지 말고, 완벽주의 자체를 재미있게 여기고, 그 집착을 즐겁게 행하는 법을 가르칠 수 있다면 말이다.

그렇다면 나는 가능한 완벽주의자가 되도록 노력하라고 격려한다. 항상 완벽을 이룰 수는 없음을 알면서 완벽을 추구하는 것은 굉장한 경험일 수 있다. 이기든, 지든, 비기든 100%의 시간과 100%의 노력을 쏟아붓는 것, 그것은 건강한 집착이다.

실패가 두렵다면, 성공도 두려울 것이다.

22장

단기 기억의 가치

미시간대학에는 훌륭한 코치가 몇 분 있었다. 보 스켐베클러의
풋볼팀은 20년간 13번의 빅 텐Big Ten 타이틀을 거머쥐었다. 존
베일라인John Beilein은 미시간대에 오기 전에 각기 다른 세 학교를
전미대학체육협회NCAA 토너먼트까지 오르게 했고, 미시간 울버
린스팀을 5년 만에 두 번이나 챔피언십 결승전까지 진출시켰다.
게다가 레드 베런슨은 33년간 아이스하키팀을 코치하면서 프
로즌 4에 11번 진출했고, NCAA 챔피언십에서 두 번 우승했다.

하지만 코치 가운데 캐럴 허친스Carol Hutchins의 기록과 필적
할 만한 기록을 낸 사람은 없다. 감히 근처에도 가지 못한다. 35년

간 미시간대학 소프트볼팀을 코치하면서, '허치'는 미시간대학 스포츠의 남녀 종목을 통틀어 어떤 코치보다도 수많은 승리를 거머쥐었고(1500승 이상), NCAA 역사상 어떤 소프트볼 코치보다도 압도적인 우승을 기록했다.

게다가 그녀는 (농담이 아니라) 내가 만난 사람 중 가장 두려운 사람이다. 짐 하보Jim Harbaugh — 키 190cm에 NFL에서 14시즌을 뛰었다 — 와 주완 하워드Juwan Howard — 키 2m 15cm에 NBA에서 19시즌을 뛰었다 — 를 포함해서, 현재 우리 대학의 코치들을 한방에 몰아넣는다면 한쪽 어깨에서 먼지를 툭툭 털며 문밖으로 걸어나올 사람은 단연코 캐럴 허친스다.

허치에게 전화가 올 때마다, 나는 전화를 받으면서 혼잣말한다. '투수 때문일 거야.' 그리고 대부분 내 짐작이 옳았다. 투수가 하는 일을 생각해보라. 야구든 소프트볼이든 모든 것은 투수의 머릿속에서 시작한다. 그리고 투수의 결정이 사실상 게임 전체에서 일어나는 모든 사건을 지배한다. 물론, 포수가 미리 투구의 유형과 어느 쪽으로 던져야 하는지 사인을 주지만 그후 모든 선수는 투수의 결정을 기다린다. 타자와 포수와 외야수도, 심지어 심판과 경기장의 모든 팬도 기다린다.

그들은 한 사람이 정확히 언제, 어떻게 정지 상태에서 갑자기 격렬하게 움직일지를 지켜보고 있다. 모든 것은 투수의 머릿속에서 '던져'라고 말하는 작은 목소리에서 출발한다. 일단 투수가 움직이면 모두가 그에 따라 반응한다.

주눅이 들어 자신을 심각하게 믿지 못하는 소프트볼 투수와 이야기할 때마다, 나는 아이디어 하나에서 시작한다.

"데이터를 살펴보자. 데이터는 이 시점까지 너의 모든 기록이자, 지금까지 네가 치렀던 훌륭한 게임들이며, 애초에 허친스 코치가 널 뽑은 이유이기도 하지. 데이터는 네가 유능하고, 자격 있고, 괜찮은 선수라는 걸 증명해 보일 거야. 코치가 너를 잘못 알고 있다고 내게 말하려는 게 아니라면 말이야. 그러니 이제 남은 건 네 믿음이야. 네가 마운드에 섰을 때 자신에게 뭐라고 말할지에 관한 거지."

이는 소프트볼이나 다른 스포츠를 넘어서 널리 적용되는 삶의 교훈이다. 이 교훈은 우리가 자신을 어떻게 대할지, 자신에게 뭐라고 말할지, 자신에 관해 무엇을 믿을지에 관한 것이다. 우리가 공을 던진 후 그 공이 어디로 나아가는지를 기반으로 우리의 자존감, 자기 이미지, 자긍심을 결정해서는 안 된다. 90m짜리 안타를 외야수가 플라이 아웃을 잡으면 자존감을 지키고, 공이 91m를 뻗어 담장을 넘겼다면 자신을 가치 없는 실패자로 봐야 할까?

자신을 규정하는 방식이 이렇다면, 반드시 바꿔야 한다. 우리는 놓는 법을 배워야 한다. 다음 투구로 넘어가고 다음 경기 또는 다음 시즌으로 넘어가는 법을 배워야 한다. 그렇다고 감정을 느끼지 못하는 로봇이 되라는 것은 아니다. 실패하면 당연히 상처받는다. 정말로 아프다. 그렇게 아파야만 한다. 자신이 고통을 느끼도록 허용해야 한다. 나는 조금 전에 홈런을 내줘 마음이 아프다. 이미 일이 벌어진 걸 인정하고, 잠시 비참한 기분을 허용할 것이다.

0.1초만.

바로 그거다, 0.1초.

스톱워치에서 시작 버튼을 누르고, 비참함을 느껴라. 그리고 정지 버튼을 눌러라.

그 시간은 00:00.10이다.

이제 다시 게임으로 돌아간다. 방금 저지른 실수에서 배울 게 있다면 배워라. 이를 계기로 영점을 조정하라. 최선을 다하겠다는 다짐을 되뇌어라. '나는 유능하고, 자격이 있고, 괜찮은 사람이다.' 그러고는 다음으로 넘어가라.

이것이 내가 알던 위대한 선수가 공통으로 지닌 한 가지 특징인 '단기 기억'이다. '내 슛이 들어가지 않았어. 공을 놓치고 말았어. 네트 넘어 훤히 트인 공간을 놓쳤어. 0.1초만 괴로워하고, 그다음에 다시 플레이하자.'

이런 사고방식은 반대로도 작용한다. '공이 들어갔고, 패스를 잡았고, 득점했어. 이제 0.1초만 즐기고 다시 게임으로 돌아가자.'

최고의 성과를 올리는 사람이 되려면, '승리와 패배'에 집착하지 않도록 자신을 재훈련하고, 재프로그래밍하고, 재설계해야 한다. 러디어드 키플링Rudyard Kipling의 시구를 인용하여 '이 두 협잡꾼을 똑같이 대하는'* 법을 배워야 한다.

나도 안다. 소프트볼 투수를 비롯해 어떤 선수에게, 또는 어떤 직종에 있는 누군가에게 자기 연민에 빠져서 뒹굴거리지 말라고 말하기는 쉽다. 단기 기억의 가치를 알고, 실패를 극복해 그 과정을 반복하라고 말하기는 쉽다. 그래서 가끔 나는 한 단계 더 나아간다. 자책하고, 자신이 싫어지고, 자신을 안쓰럽게 생각하는 사람들에게 이렇게 묻는다.

"그렇게 하는 게 당신에게 어떤 효과가 있나요?"

나는 다시 진지하게 묻는다. 그게 도움이 될까? 그렇게 해서 이익을 얻고 있을까? 부정적인 태도로 비참해하고, 우울해하는 것이 정말로 삶의 사명이 아니라면, 제발 그만 자책하라!

자책은 효과가 없기 때문이다.

---

* 영국의 소설가이자 시인으로, 《정글북》의 작가로 잘 알려져 있다. 인용된 문구는 시 〈If〉의 한 구절이다.

전혀 도움이 되지 않기 때문이다.

아무 쓸모가 없다.

그러니 그만 자책하라.

23장

일시적 문제에 대한 영구적 해결책

대학원 졸업 후 첫 직장이었던 병원에서 임상치료사로 일할 때였다. 일한 지 2주하고 이틀째 되던 날, 상사가 내게 와서 말했다.

"그레그, 어젯밤에 약물 과다 복용 환자가 응급실에 들어왔네. 열다섯 살의 어린 여자아이인데, 자살 시도를 했다더군. 이미 카운슬러 몇 명을 올려보내서 대화를 시도했지만, 모두 거절당했네. 선임 카운슬러에게도 상담해보라고 했지만, 통하지 않았어. 정신과 의사도 면담하라고 보냈는데, 아무 소용이 없었던 것 같아. 그래서 마지막으로 내가 직접 만나보려 했지만⋯음, 솔직히 말해 난 최선을 다했네."

나는 주의 깊게 들으면서 계속 고개를 끄덕였다.

그가 목을 가다듬고는 말했다. "자네가 환자를 한번 만나서 상담해보겠나?"

일을 시작한 지 2주하고 이틀째 되던 날이었다. 다른 사람들이 만나보지도 못한 이 어린 여자아이를 내가 어떻게 상담할 수 있을까? '절대 안 되지'라고 속으로 생각하면서도 상사의 눈을 똑바로 보고 대답했다. "네. 제가 해보죠."

5층까지 올라가는 엘리베이터 안에서 절망과 두려움, 자기 의심의 악마가 나를 온통 뒤덮었다. '바보야, 넌 여기 온 지 2주하고 이틀밖에 안 됐잖아. 네가 뭘 할 수 있겠어?'라고 악마가 속삭였다.

하지만 악마는 한 가지를 잊고 있었다. 나는 악마의 속삭임을 예측할 수 있었고, 따라서 감당할 수 있었다(이에 관해서는 25장에서 자세하게 말하겠다). 나는 그것이 나타날 줄 알았으므로, 물리칠 준비도 되어 있었다. 일단 악마를 물리치자. 이제 어떻게 해야 할지 생각할 시간이 90초 정도 있었다.

5층에 도착해 어린 여자아이가 기다리고 있는 병실로 걸어가면서 넥타이를 고쳐 매고, 깊이 숨을 들이마신 다음 … 병실 안으로 불쑥 들어섰다. 얼굴에는 환한 웃음을 짓고 있었다. 나는 간신히 열정을 억누른 사람처럼 흥분했고 어지러움을 느꼈다.

어린 여자아이는 이불을 머리까지 끌어올렸다. 하지만 나는 속도를 늦추지 않았다. "만나서 너무 반가워. 네가 놀라운 사람이라고 들어서, 이렇게 올라와 직접 만나 이야기하고 싶었어."

아무 반응이 없었다.

나는 계속 이야기했다. "풋볼팀에 합류한 최초의 여성이라고 들었거든. 정말 굉장해. 포지션이 키커야? 쿼터백이야? 그런데 무슨 일이 생긴 거니? 다리를 다쳤어? 우리 병원엔 훌륭한 정형외과 의사가 있는데, 우리 주에서 최고야."

이불 위로 여자아이가 고개를 불쑥 내밀었다.

아이는 속이 부글부글 끓는지 "난 풋볼 선수가 아니에요. 다리도 다치지 않았어요"라고 내뱉듯 말했다.

나는 놀라는 말투로 말했다. "오, 그렇다면 너는 누구니?"

"그건 중요하지 않아요. 어쨌든 얘기하고 싶지 않아요."

"왜?"

"선생님도 이 병실에 왔던 다른 사람과 같은 말을 할 테니까요. 넌 너무 어린데 남은 삶을 생각하지 않는다, 앞으로 살날이 많다, 뭐 그런 얘기요."

나는 보디랭귀지와 어조를 바꾸어 그녀에게 가까이 다가섰다. "내가 지금까지 네가 만난 사람과 비슷한 표현을 하나라도 썼니?"

아이는 몸을 움츠리며 베개를 고쳐 베었다. "아뇨."

"그렇다면 내가 어떻게 행동하고, 무슨 말을 할지 판단하지 않았으면 해."

"네." 아이가 대답했다.

"좋아. 그럼, 왜 그런 선택을 하게 됐는지 말해줄래?"

이렇게 우리는 인연을 맺었다. 아이는 내게 본인 이야기를 털어놓기 시작했다. 이야기를 들으면서 처음에는 화가 났고, 나중에는 슬펐다. 열다섯 살배기 어린 여자아이의 삶이 내 마음을 찢어놓았다.

아이는 자신에게 약이란 약은 모조리 가르쳐준 스물일곱 살의 약물중독자와 살고 있었다. 집 안에는 다른 중독자도 몇 있었는데, 집안일을 책임지는 사람은 아이뿐이었다. 아이는 요리는 물론 청소까지 해야 했는데, 그중 매일 밖으로 나가 약을 사오는 일이 가장 중요했다. 무엇보다도 아이의 남자친구는 극진한 보살핌이 필요한 하반신 마비 환자였다. 아이는 매일 남자친구를 먹이고, 씻기고, 옷을 갈아입혔지만, 남자는 아이를 하찮게 여기고, 비하하고, 가치 없는 존재로 여겼다. 이러한 환경이 열다섯 살 아이 인생의 전부였다. 아이는 상심했고, 지쳤고, 가족과도 멀어졌으며, 정신적·신체적 학대는 물론 성적 학대까지 받은 것 같았다.

아이가 얘기를 끝마치자, 나는 눈물을 감추며 말했다. "널 이해할 것 같아."

아이는 놀라며 되물었다. "이해한다고요?"

"넌 열다섯 살이니까, 그냥 고통을 끝내고 싶었을 거야. 달리 무슨 방법이 있었겠어?"

"이해해주셔서 고맙네요."

"그런데 네 심정은 이해하지만, 네 전략에는 동의하지 않아. 넌 일시적인 문제에 영구적인 해결책을 생각해낸 거야. 내가 다른 선택지를 살펴보도록 허락해줄래?"

우리는 함께 상담을 시작했다. 6개월 후 아이는 스스로 변했고, 아이와 나누었던 아이디어는 이후 내 삶에 들어온 모든 이에게 전하는 메시지가 되었다. 누구나 가장 어두운 순간에는 다른 사람에게서 기꺼이 도움을 받아야겠지만, 궁극적으로 퍼즐의 가장 중요한 조각은 자기애와 자기 수용이다. 자신의 밖에서 자존감과 자긍심을 찾는 것은 결국 효과를 거두지 못한다.

나는 아이에게 자신을 믿는 것을 연습하고, 훈련하고, 반복하라고 격려했다. 자신을 신뢰하라고 말이다. 또한 '다른 사람에게 내가 필요하기 때문에, 그들이 나를 사랑하기 때문에'라는 생각은 멈춰야 한다고 했다.

세상에서 최고의 친구는 바로 자신이어야 한다.

24장

믿음에 기반해 문제 해결하기

17장에서 나는 젊은 아이스하키 선수의 놀라운 일화를 소개했다. 2학년 때부터 하키 경기에 싫증난 쿠퍼에게 나는 하키를 게임으로 생각하고, 즐거웠던 때로 돌아가라고 했다. 쿠퍼는 신앙이 자신의 삶에서 큰 부분을 차지한다고 말했기 때문에, 나는 그에게 일요일만이 아닌 매일 신앙심을 품고 사는지 편안하게 물었다.

　나는 그에게 말했다. "하키를 우상으로 삼아서는 안 돼. NHL을 숭배 대상으로 삼아서는 안 돼. 계속 그러면 신이 네게서 그걸 빼앗아갈 거야."

　쿠퍼 매러디 같은 선수에게 그런 말을 가볍게 해서는 안 되겠지만, 그는 내가 하는 말을 이해했고, 덕분에 하키를 균형 잡힌 시각으로 바라볼 수 있었다.

쿠퍼는 동료들과는 달리 음주와 약물, 가벼운 섹스를 멀리하는 대학 하키 선수였다. 이런 그를 열여덟 살에서 스물세 살의 대학 하키 선수 그룹에서 빗겨난 아웃라이어라고 말하는 사람도 있을 것이다.

그를 알고 그의 진가를 알아볼수록, 나는 그에게 아웃라이어가 되기를 받아들이고, 즐기라고 요구했다. 아이스하키 선수에 관한 고정관념을 깨부수는 사람이 되기를 즐기라고 말이다. 고정관념에 대한 반증으로, 다른 선수들이 우러러볼 수 있는 팀의 리더가 되라고 말했다. 하키 선수가 되려고 특정한 종류의 사람이 될 필요는 없다. **믿음을 기반으로 해결책에 집중할** 수만 있다면, 훌륭한 선수가 될 수 있다.

5장에서 나는 신체적·정신적·영적이라는 세 가지 유형의 건강을 설명했다. '영적' 건강은 특정 종교나 신의 개념을 믿어야 한다기보다, 자신보다 큰 존재를 믿는 것이 사실상 중요하다는 의미다. 몸이 망가지고 정신이 피폐해졌을 때, 설명할 수 없는 심오한 무엇인가를 활용할 수 있는 때가 반드시 올 것이기 때문이다.

그 효과는 우리와 주변의 삶에서 자주 볼 수 있다. 그들은 더 깊은 힘의 원천을 떠올린다. 조심스럽게만 활용하면 우리는 매일 기적을 볼 수도 있다.

　무엇을 믿으라고 말하지는 않겠지만, 나는 신체적·정신적 건강에 주의를 기울이는 만큼 자신의 영적 건강도 챙기라고 권하고 싶다. 이 세 가지가 균형을 이루면, 내적으로 그리고 외적으로 발전하는 자신을 발견할 것이다.

　믿음에 기반해 해결하는 것은 지적 능력이나 감정에 제한받지 않는 신념 체계를 가져야 한다는 뜻이다. 자신을 단지 근육과 뼈로 이루어진 존재 이상으로 여기는 것이다. 또한 독실한 신자조차도 결단력과 행동으로 문제를 해결하는 데 전념해야 한다는 의미다.

　쿠퍼 매러디는 내가 상담한 사람 중에 이 철학을 포착하고 실현하는 데 최고였다.

25장

벅 피버, 두려움을 마주하는 용기

한번은 야구팀의 한 투수와 상담한 적이 있었다. 그는 예민한 신경을 다스리지 못해 애를 먹었다. 다양한 재능을 두루 갖추고 있었지만, 가장 중요한 순간에 좋은 성적을 내지 못했다.

우리는 오랫동안 상담하면서, 그의 잠재력을 끌어낼 방법을 찾으려고 노력했다. 나는 날카로워진 신경을 진정할 수 있도록 호흡법을 제안했다. 마음챙김에 관한 읽기 자료도 건네주었다. 자기 인식을 높여 부정적 자기 대화를 통제하는 법을 배우라고 그를 설득했다.

내가 알고 있는 모든 방법을 시도했지만, 그에게는 아무 도움을 줄 수 없었다. 경기가 위태로울 때마다, 그는 계속 제 기량을 발휘하지 못했다.

그런데 어느 날, 그가 내 사무실에 올 때마다 카무플라주 패턴의 모자를 쓰고 있는 걸 알아차렸다. 나는 그에게 평소에 사냥하러 다니는지, 아니면 단지 멋으로 썼는지 물었다. 그는 망설임 없이 자신이 평생 진정한 사냥꾼이었다고 대답했다.

그에게 '벅 피버Buck Fever*'에 관해 물었다.

그는 깜짝 놀라서 잠시 멍하니 있다가 대답했다. "선생님도 '벅 피버'를 아세요?"

나는 대답했다. "물론 알지. 하지만 모른다고 치고. 네가 그걸 처음 느꼈던 때를 말해봐."

그는 곧바로 대답했다. 어렸을 때부터 아버지를 따라 사냥을 나섰지만, 마침내 그가 처음 총을 쏘게 되는 날이 찾아왔다. 숲에서의 첫 데뷔인 셈이었다. 우리는 사무실에 앉아 있었지만, 그의 마음은 숲에 가 있었다. 난 그 사실을 그의 표정에서 알아챌 수 있었다.

그는 모든 순간을 묘사했다. 아버지가 수사슴을 쫓고, 그는 총을 쏠 준비를 했다. 모든 게 완벽했다. 그 순간 모든 사냥꾼과

*   사냥감이 가까이 다가왔을 때 사냥 초심자가 느끼는 흥분.

운동선수가 경험하는 것처럼, 시간이 느리게 흘렀다. 그는 라이플을 천천히 들어올리며, 총열을 바라보았다. 숨을 들이마셨다. 심장은 계속 쿵쾅거렸다.

벅 피버였다. 너무 크게 쿵쾅거려서, 아버지도 그 소리를 들었을 거라고 확신했다. 심지어 45m 떨어진 사냥감도 그 소리를 들었을 것이다.

벅 피버.

손바닥에는 땀이 났다. 눈에는 눈물이 차올랐고, 목이 조이는 기분이 들면서 숨을 쉴 수가 없었다.

지금 쏴! 왜 못 쏘는 거야? 사슴이 도망갈 거야!

벅 피버.

그때 그의 아버지가 긴장을 풀고 연습했던 대로 루틴을 실행하라고 외치는 소리가 들렸다. 아버지는 자기 자신을 믿으라고 말했다.

마침내 한 발의 총성이 숲에서 크게 울렸다. 젊은 투수가 몽상에서 현실로 돌아왔을 때, 나는 그가 돌파구를 찾았음을 알았다.

벅 피버. 그에게는 그것이 열쇠였다. 그날 숲에서 일어난 모든 일은 평범했고, 예측 가능했으며, 그가 감당하고 극복할 수 있는 일이었다. 디비전I 야구 경기에서 공을 던지는 건 그와 똑같지는 않을지 모르지만, 중요한 공통점이 있다. 머릿속을 질주하는 다양한 감정이 한꺼번에 몰려온다는 것이다. 흥분과 투지뿐만 아니라 원초적인 공포까지도. 그는 의심의 여지없이 두려움이 몰려올 것임을 예측할 수 있었다. 두려움은 그가 마운드에 오를 때마다 그를 기다리며 항상 거기 있을 테고, 절대 사라지지 않을 것이었다.

이후로 그는 이 두려움을 당연한 감정으로 받아들이고, 그것을 인간 존재의 일부로 여기기 시작했다. 그는 자신의 호흡을 조절하고 집중력을 점화하는 주문을 외웠다.

그는 두려움을 예상했고, 받아들였고, 환영했다.

그다음에는 몸을 기울여, 포수에게서 사인을 받고 첫 번째 스트라이크를 던졌다.

당신의 두려움은 어떤 종류인가?

- 실패의 두려움
- 버려지는 두려움
- 미지에 대한 두려움
- 다른 사람에 대한 두려움
- 거절의 두려움
- 갈등의 두려움

  ⋮

자기 삶을 솔직히 돌아보고 목록을 채워보자. 자기 잠재력을 방해하고, 희망과 꿈을 실현하지 못하도록 막는 두려움은 무엇인가?

교훈은 이것이다. 불안감—두려움의 다른 형태로, 일어날지도 모르는 일에 대한 어슴푸레한 두려움—뿐만 아니라 두려움은 젊은 투수가 벅 피버를 예측할 수 있었던 것과 마찬가지로 예측할 수 있다는 사실이다.

우리는 두려움을 예상할 수 있고, 따라서 감당할 수도 있다.

우리는 모두 때때로 두렵고, 걱정스럽고, 긴장하고, 불안해할 자신을 예상할 수 있다. 이때 두려움 없는 세상으로 가려고 애쓰는 대신, 두려움을 포용하라. 두려움을 긍정적인 열정으로 바꾸어라.

우리가 공포 영화와 롤러코스터를 좋아하는 건 기쁨과 흥분을 일으키기 때문이다. 두려움도 똑같이 대하라. 인간의 자연스러운 감정으로 말이다.

목표에 다가가기 위해 위험을 무릅썼던 순간을 떠올려보자. 그 기분이 기억나는가? 우리를 흥분하게 하고, 신체적·정신적·영적으로 도전을 북돋은 기분 말이다.

우리에게 최고의 성취감을 주었던 것들, 삶을 가치 있게 했던 것들, 그것들은 우리가 해내기 직전에는 긴장감 때문에 바지

246

에 실수하게 할 만한 것들이기도 했다. 내 말이 틀린가?

나는 두려워하지 말라고 말하는 게 아니다. 두려움을 두려워하지 말라고 말하는 것이다. 두려움을 받아들일 수 있게 연습하고, 훈련하고, 반복해라. 두려움이라는 야생마에 올라타라. 누군가 말했다.

"올라탈 수 없는 말은 없고, 내동댕이쳐질 수 없는 기수도 없다."

말은 누군가를 기다리고 있지만, 오직 용기 있는 기수만을 허락할 것이다. 만약 내동댕이쳐진다 해도 다시 일어나 안장 위에 엉덩이를 올리면 그만이다.

용기는 두려움이 없는 상태가 아니다.

두려움을 마주 봐라. 그것이 진정한 용기다.

두려움을 두려워하지 마라.

26장

자기만의 뱀파이어

1992년 나는 이스턴미시간대학교Eastern Michigan University의 여름 브리지 프로그램의 강연자로 초청받았다. 이 프로그램의 목적은 학업에 고전하는 학생들의 성적을 향상하는 것이었고, 참여자 중에는 라이로넬 밀턴Lyonel Milton이라는 어린 신입생도 있었다.

　라이로넬은 미시간주의 러스트 벨트이자 우범지인 플린트Flint 출신이었다. 그해 1월, 그의 형이 살해당했다. 가족 중 최초로 대학에 진학한 라이로넬의 머릿속에는 자기처럼 대학에 갈 기회조차 얻지 못한 형 생각뿐이었다. 라이로넬은 형과 자신, 두 사람 몫을 살아야 한다는 부담을 느꼈다. 그가 매일, 매시간 짊어지고 다닌 그 부담은 삶을 힘겹게 했다.

하지만 당시에 나는 라이로넬에게 이런 사정이 있는 줄 몰랐다. 그의 첫인상은 세상에 분노한 청년이었다. 그래서 나는 다른 학생들과 함께 스스로 자신의 자기 패배적 태도와 행동에 관해 생각해보라고 했다. 이는 내가 운동선수와 사업가를 비롯해 누구에게든 자주 사용하는 방법이다. 이에 관해서는 7장에서 자세히 말했는데, 근본적으로 외부의 힘이 아니라 스스로를 막는 내면의 방해물을 다뤄야 한다.

나는 라이로넬과 꾸준히 연락하며 지냈다. 2년 후, 우리 집에서 열린 워크숍에서야 마침내 그를 납득시켰던 것 같다. 이 워크숍은 남자들에게는 은둔의 장소와 같은 역할을 했는데, 남자들이 보통 말할 수 없거나 말하지 않았던 치유하는 법, 용서하는 법, 협력해서 능률을 올리는 법을 이야기하는 시간이었다. 모임이 끝날 무렵, 라이로넬은 그룹의 리더와 열띤 논쟁을 벌이고 있었다.

나는 그를 따로 불러서 물었다. "대체 무슨 일이야? 내가 너랑 시간 낭비만 하고 있는 거니?"

그는 형을 잃은 상처를 입에 올리기 시작했다. 또 시작이었다. 그 말을 들은 게 처음은 아니었지만, 나는 냉정하게 말을 잘랐다.

"형은 그만 잊어버려."

그는 내게 뺨이라도 맞은 듯 나를 쳐다보았다.

"넌 형을 다시 살려낼 수 없어. 형이 편히 잠들게 내버려둬. 네가 분노하고 부정적인 이유로 자신을 핑계 대고 있다는 걸 알면 형도 마음이 아플 거야."

그 순간 그는 자신이 형의 죽음을 진실로 받아들이지 못했음을 마침내 깨달았던 것 같다. 그는 매일 형의 죽음을 재연하고 있었다. 그는 다음 단계로 나아가 자기 삶을 살지 못했다.

"넌 아직도 형에 관해 분노하고 있어. 네가 항상 그렇게 지나치게 행동하는 이유도 그 때문일 거야. 하지만 그건 해결되지 않은 너만의 문제에 불과해."

라이로넬은 형의 죽음을 받아들이고, 삶을 포용하고, 다음 단계로 나아가는 것이 형을 버리거나 덜 사랑하는 것이 아님을 이해해야 했다.

시간이 지나 그는 미시간대학 교육대학의 학생처장이 되었다. 또한 베델 아프리카 감리교회Bethel African Methodist Episcopal Church의 부목사가 되었다. 우리는 그때 이후로 친구가 되었는데, 우리 모두와 마찬가지로 라이로넬도 여전히 나아지고 있다.

며칠 전 그와 이야기를 나눴다. 그는 직장에서 분노를 참지 못한 채 내게 전화했다. 나는 "넌 나이를 마흔이나 먹었는데도, 여전히 분노를 믿는구나. 하지만 곧 괜찮아질 거야"라고 말했다.

당신의 멘탈 뱀파이어는 무엇인가? 실제로 심각한 피해를 주고, 자신감과 용기와 일관성까지 잃게 한 과거의 사건인가? 어쩌면 어떤 사람이거나 무리일 수도 있다. 어쩌면 오래된 상처나 잘못된 결정, 영원히 놓지 못할 원한일 수도 있다. 자신에게는 물론이고, 누구에게도 그 이야기를 쉽게 할 수 없을 것이다. 뱀파이어가 힘을 잃게 할 새로운 관점으로 바라보지 못할 것이다.

하지만 유일한 방법이 있다. 정말로 돌파구를 찾아 늘 꿈꾸던 사람이 되고 싶다면, 자기만의 멘탈 뱀파이어를 빛에 노출할 방법을 찾아야만 한다. 그것만이 멘탈 뱀파이어를 파괴할 방법이자, 머리와 몸, 정신을 장악한 그 지배력에서 빠져나올 유일한 방법이다.

필요하다면, 과거의 짐을 내려놓는 데 도움을 줄 자격이 있는 사람과 대화하라. 당신의 사고방식을 안타까워하고, 조정하고, 변화시킬 사람을 찾아라.

뱀파이어가 존재하는 세계에서는, 그들이 어둠 속에서 번성한다는 사실을 우리는 알고 있다. 뱀파이어를 옷장에 가둔다면, 그 안에서 팔굽혀펴기와 윗몸일으키기를 하며 매일 더 강해질 것이다. 내가 장담한다. 믿어도 좋다. 뱀파이어가 두 가지 체력 훈련으로 몸을 불렸을 때 그 옷장 안에 갇히고 싶지는 않을 것이다.

그러니 **용기를 내서 자기만의 어둠을 들여다봐라.** 자기만의 멘탈 뱀파이어를 찾아 치유의 빛으로 끌고 나와야 한다.

증언

앤 웰치 브라운 Ann Welch Braun

앤 웰치 브라운은 스물다섯 살의 새내기 대학생 때 그레그를 만났다. 당시 그녀는 술을 끊은 지 6개월이 되던 시점에 그레그를 만나면서 변하기 시작했다. 당시 앤은 그레그가 약물 남용 카운슬러로 일하던 병원의 프로그램에 지원받을 수 있는지 알아보고 있었다. 그녀는 그레그의 도움으로 우등으로 석사학위를 취득한 후, 다국적 기업 버크셔 해서웨이Berkshire Hathaway 자회사에서 교육 판매직으로 13년간 일했다. 2001년 앤은 미시간대학의 의학개발실Medical Development Office에 입사하여 '아동을 위한 챔피언 캠페인the Champions for Children Campaign'을 이끌며 새 아동 병동을 짓기 위한 기금을 모금했다. 이 노력이 성공을 거두자, 앤은 플로리다대학에 스카우트되어 학교 발전 및 동문회 부회장으로 일했으며, 기금모금 전문가로 구성된 팀을 이끌어 기부금을 연간 500만 달러에서 6000만 달러까지 끌어올렸다. 그녀는 현재 서던캘리포니아대학의 선임 부학장으로 일하고 있다. 앤이 20년간 비영리단체를 위해 개인적 지원으로 모금한 기금은 약 10억 달러에 달한다.

"절망은 대단히 어리석은 짓입니다."

1982년 나는 금주를 지원하는 프로그램을 찾아보다가 그레그를 만났다. 술을 끊은 지 6개월밖에 되지 않은 시점이었다. 스물다섯 살의 나이에 대학생활을 시작하면서, 매주 그레그와 만나 1:1 상담을 나누면서 나는 학업과 일, 금주를 유지하는 능력이 크게 향상되었음을 느꼈다. 그레그의 도움으로 나 자신을 이해하는 연습을 하면서, '다가오는 종말'을 느꼈던 불안이 서서히 줄어들었다. 나는 헌신적인 부모 그리고 열두 명의 형제자매와 함께 자랐지만, 극심한 수치심에 시달리는 바람에 자기 의심이 커졌고 심신이 쇠약해졌다는 사실을 이해할 수 있었다.

내가 나 자신에게 가한 고통을 극복하기 위해 그레그가 제안한 훈련을 연습했던 게 또렷이 기억난다. 나는 내 강점과 기술, 성취한 일 모두를 목록으로 만들어 바라봤다. 실제의 비난이든 상상 속 비난이든, 비난에 매우 취약했기에 자부심을 쌓아올리는 연습을 했다. 그레그는 내 정신이 나의 적이 아니라 동지가 되어야 한다고 강조했는데, 그 과정이 내 삶을 단단하게 만들었다.

서서히 불안감이 잦아들면서, 이 훈련이 학업과 일, 개인적 발전에 집중할 에너지를 무한하게 키웠음을 깨달았다. 삶에서 처음으로 발전하고 있었다고 말해도 좋을 것이다. 이전에는 낭비되었던 에너지의 초점을 조정해, 이전보다 훨씬 많은 일을 성취할 수 있는 건강하고 성숙한 사람으로 성장하고 있었다.

그레그와 상담하면서 지낸 3년 동안 내가 습득한 기술들이 더 나은 삶을 사는 데 큰 도움이 되었다. 나는 그레그의 코칭을 기반으로 내 행동을 이끄는 '나만의 철학'을 만들었다. 내 가치관, 관점과 목표의 중요한 면을 인식하고, 그것이 내 선택을 어떻게 좌우하는지를 확인했다. 이 새로운 철학은 유전적으로 물려받아 인식하지 못했으나 내 인생에 큰 영향을 끼쳤던 내 관점, 즉 수치심이 기저에 깔린 관점을 대체했다. 또한 젊은 시절에 생각했던 것보다 신은 우리에게 더 많은 사랑을 주고, 우리를 함부로 판단하지 않으며, 우리에게 힘을 준다는 것을 새삼 이해할 수 있었다.

그레그가 가르쳐준 가장 중요한 교훈은 과거의 트라우마와 실패를 반복해서 떠올리지 말고, 진심으로 신나는 미래를 설계하는 데 집중하라는 것이었다. 행복하고 건강하면서도, 생산적인 미래, 신중하면서도 미친 듯이 열중할 수 있는 미래를 만들라고 조언을 아끼지 않았다.

이제 나는 건강해졌음을 느낀다. 술을 끊기 전 고군분투하고 고통스러웠던 시절과는 완전히 이별하고 가장 생산적인 시기에 접어들었다. 젊은 시절의 파괴적인 행동이 내게서 평온함과 즐거움, 또는 열정을 앗아갔음을 깨달았다.

나는 장학금과 학업 우수상, 높은 학점을 비롯해 학교에서 거둔 성공을 삶의 전환점으로 삼았다. 우등생으로 학교를 졸업한 후에도 차 안이 도서관으로 보일 정도로 학습을 놓치 않았다. 나는 지금 내 의식과 역량과 자부심을 계속 자라게 하는 수백 개의 녹음 파일을 갖고 있다.

그레그가 가르쳐준 또 하나의 교훈은 절망은 대단히 어리석은 짓임을 깨달아야 한다는 것이었다. 내가 선택의 여지없이 덫에 갇혀 있다고 느낄 때마다 절망이 찾아왔다. 그레그는 주의 깊게 돌아보면 선택의 여지가 늘 있다는 믿음을 내면에 깊이 자리 잡도록 해주었다. 그는 내 독특한 자질을 스스로 받아들이게끔 도와주었다. 이런 가르침으로 잠재력이 발휘된 덕분에 나는 경력 내내 리더의 역할을 해낼 수 있었다. 미시간주 입실랜티의 지하 상담실에서 그레그와 상담하던 내가 이제는 로스앤젤레스 이사회실에서 억만장자들에게 편안하게 프레젠테이션하는 사람이 되었다.

최근에는 비극적인 상실을 겪었다. 하지만 나는 머릿속에서 메아리치는 그레그의 목소리와 함께 단단히 중심을 잡고 길을 헤쳐나갔다. 우리에게는 늘 선택의 여지가 있다. 너무나 쉽게 찾아오는 부정적 자기 대화를 선택하든, 긍정적이면서 힘을 주는 관점을 선택하든 말이다.

그레그 하든을 만난 나는 아주 운이 좋은 사람이다. 그는 자상한 태도로 내가 생산적이고 영향력 있는 삶과 경력을 쌓을 기반을 닦도록 도와주었다. 그레그를 만난 지 40년이 지났지만, 나는 여전히 그의 가르침대로 살고 있다.

27장

겉모습만으로

대형 병원의 강의실을 떠올려보자. 금속 접이식 의자들이 화이트보드를 향해 있고, 형광등은 머리 위에서 윙윙거린다. 소독약 냄새가 공기 중에 퍼져 있고 스피커는 몇 분마다 의료 코드를 내보낸다. 이제 강의실 의자에 앉아 있는 수십 명의 남자를 떠올려보자. 거의 모든 사람이 노동자 계층의 백인으로, 나이는 40대에서 50대에 걸쳐 있다. 대부분 애팔래치아나 디프사우스Deep South* 지역 출신이다. 그들 중 누구도 그 자리에 있고 싶은 사람은 없

---

* 미국 남부의 루이지애나·미시시피·앨라배마·조지아의 네 주를 일컫는다.

을 것이다.

이는 병원 치료센터에서 열리는 외래 환자 중독 치료 프로그램 광경이다. 13주간 이어지는 강의로, 주변 사람 세 명 중 한 명이 프로그램에 참가하라고 강요한 탓에 마지못해 참가했을 확률이 크다. 고용주나 아내, 또는 '법원의 권유'로 참가한 것이다.

이제 이 남자들의 눈을 들여다보는 나를 그려보라. 나는 이 전형적인 백인 남자들에게 알코올과 약물 남용이 미치는 심리적·사회적 영향에 관해 13주 동안 매주 1시간 30분 동안 강의할 권위 있는 인물이다. 이 신사들은 가만히 앉아, 말이 빠른 사회복지사이자 기분 나쁘도록 낙천적인 흑인의 강의를 1분 이상 들어본 적이 없다고 해도 과언이 아니다. 의무적으로 들어야 하는 경우가 아니라면 말이다.

솔직히 처음 몇 번의 강의는 힘들었다. 강의실에 있는 사람들의 분노와 짜증이 파도처럼 요동치는 게 느껴졌다. 나는 매주 그들에게 90분간 훈계를 늘어놓는 대신, 강의를 집단 학습 활동으로 바꾸려고 애썼다. 그들에게 일방적으로 말하는 대신 그들과 이야기를 했다. 이 남자들에게 자기 이야기를 공유하고, 서로 유대관계를 맺고, 삶을 바꿀 방법을 서로 가르치라고 조언했다.

나는 이번 프로그램을 이들에게 진정한 영향을 미칠 기회로 삼으려 부단히 노력했다. 그리고 2년째가 되자 환자 몇 명이 가족과 친구를 강의실로 데려오기 시작했다. 그들 중 몇몇은 심지어 술친구를 데려왔다. 솔직히 인정하면, 그즈음 강의가 편해졌고 내가 이 일을 꽤 잘하고 있다고 스스로도 생각했다. 어디 출신의 사람이든, 무슨 일을 겪었든, 누가 되었든 이제는 그들 앞에서서 설득할 수 있을 것 같았다. 나는 그들이 왜 이 프로그램에 참여하고 있는지 이유를 직시하고, 우리가 제공하는 도움을 어떻게 이용해야 하는지 이해할 수 있게끔 도왔다.

그렇다. 나는 이 일을 꽤 잘한다고 생각했다. 그가 나타난 그날 밤까지는.

나는 그동안 수없이 많은 공격 라인맨과 파워 포워드*를 만났기 때문에, 이 남자의 덩치가 얼마나 큰지는 정확히 알 수 있었다. 그는 키가 2m에, 몸무게는 130kg에 달했고 허벅지가 내 몸통만 했다. 붉은빛이 도는 금발 머리에, 턱에는 희끗희끗한 수염이 나 있었고, 카무플라주 패턴의 옷을 입고 사냥 부츠를 신었다. 간단히 말해 그는 내가 만난 사람 중 가장 크고 험악하게 생긴 촌뜨기였다.

그는 제일 앞줄에 앉았다. 내가 목을 풀 때 나를 뚫어져라 쳐다보는 눈길에서, 나와 이 프로그램이, 그리고 마지못해 이 자리

---

* 농구 포지션의 하나.

에 앉아 있는 것이, 아니면 이 강의실에서 일어날 일이 모두 마음에 들지 않는 게 분명했다.

나는 살면서 거친 인물들을 꽤 만나왔다. 거리에서는 물론이고, 알코올과 약물중독자와 대면하는 직업을 택한 이후로는 더 자주 만났다. 하지만 이 나이 든 남자와는 강의가 끝날 때까지 꽤 애먹을 것이 분명해 보였다.

처음 몇 주간은 편안해질 시간을 준 다음, 그를 내 편으로 끌어들이겠다고 마음먹었다. 저 문으로 걸어들어온 다른 청중처럼 그도 변하게 만들겠다고 말이다.

나는 그에게 질문했다.

대답이 돌아오지 않았다.

차디찬 침묵만이 흘렀다.

'좋아, 난 그렇게 쉽게 포기하지 않아'라고 생각했다. 모든 기법을 동원해 그에게 반복해서 질문했다. 8주가 흘렀다. 이 태산 같은 남자와 가까워지기 위한 모든 시도가 물거품이 되었다. 그는 앞줄에 가만히 앉아만 있었다. 나는 생각했다. '참여하지도 않을 거면서 왜 항상 앞줄에 앉아 있지?' 그는 차가운 눈빛으로 나를 노려보면서, 입도 뻥긋하지 않은 채 앉아만 있었다.

나는 상상력을 동원해 이 촌뜨기의 머릿속에서 무슨 일이 일어나고 있는지 그렸다. 그리고 침묵의 의미를 유추했다. 그는 독실한 인종차별주의자이자 시골내기 혐오 선동자임이 틀림없다. 그는 여기서 시간만 채우다가 집에 돌아간 후 KKK 모임에서 나를 비웃을 것이다. 나는 그렇게 확신했다.

11주째가 되자, 나도 모르게 카운트다운을 하고 있었다. 2주만 더 있으면 저 의자에 앉아 조용히 나를 노려보는 남자를 다시는 마주치지 않아도 된다. 강의실이 북적이고, 그가 문으로 들어오는 모습이 보였다. 하지만 그는 자기 자리에 앉는 대신 내 책상 앞으로 다가왔다. 그는 내 앞에 서서 일식이 일어난 것처럼 빛을 가린 채 나를 내려다보고 있었다.

"수업 끝나고 선생님과 얘기하고 싶습니다." 최남부 지역 말투로 느릿느릿 말했다.

나는 달리 뭐라고 답해야 할지 몰라서 고개만 끄덕였다. '내가 도망치지 않는다면요'라는 말이 머릿속에 떠올랐지만, 입 밖으로 내지는 않았다.

그는 역시 앞줄에 앉았고, 내가 수업을 진행하는 동안 평소처럼 나를 계속 노려보았다.

1시간 30분이 지났다. 90분이 그렇게 빨리 지나갈 수 있음을 처음 느꼈다. 수업이 끝나고 모두가 강의실을 나가는 동안에도 그는 의자에 그대로 앉아 있었다. 마침내 강의실에 그와 나 둘만 남았다.

그는 자리에서 일어나 다시 내 책상 앞으로 다가왔다. 11주간 이 남자에 대해 떠올렸던 모든 생각이 전광석화처럼 떠올랐다가 빠져나간 후 다른 감정이 자리 잡았다.

순수한 두려움과 불안이었다.

'이게 그가 기다리고 있던 것이로군'이라고 생각하며 나는 신경의 절반을 1km 정도 떨어진 것처럼 보이는 문에 집중했고, 나머지 절반은 바지에 오줌을 지리지 않는 데 집중했다. '그는 내 가늘고 검은 목을 나뭇가지처럼 부러뜨릴 거야'라고 생각하며.

그가 드디어 입을 뗐다.

"선생님께 알려드리고 싶었습니다. …저는 선생님이 굉장한 분이라고 생각합니다. 이 수업에서 기대보다 많은 걸 배웠습니다. 그래서 선생님께서 제게 해주신 일에 감사드리고 싶었습니다."

그러더니 야구 글러브만 한 손을 내밀어 거의 뼈가 으스러질 듯 내 손을 잡고는 악수했다.

내 감정은 매우 놀랐다는 표현으로는 부족했다. 자, 처음 본 순간부터 나는 그가 어떤 사람이리라고 이미 결론을 내렸다. 나는 그의 겉모습만으로 이미 그가 나를 미워하고 나처럼 생긴 모든 이를 미워하는 게 틀림없다고 결론내렸다.

나는 이 남자를 보며 너무 쉽게 노예제 이후의 악몽이 되살아났다고 생각했다. 하지만 내가 틀렸을 뿐만 아니라 그것도 비참하게 틀렸다. 그가 아무 말도 하지 않은 채 2주가 더 흘렀다면, 그는 영영 가버리고 나는 그와 친해질 기회를 놓쳤을 것이다. 단지 내 편견 때문에. 그렇다. 나 자신의 편견. 편견prejudice은 '미리pre-'와 '판단judgment'이 결합하여 만들어진 단어다. 이때의 경험은 강의실에 남았던 이 남자가 결코 상상할 수 없었던 방식으로 내게 큰 영향을 끼쳤다.

겉모습만 보고 사람을 판단하지 마라. 우리는 모두 그 말을 백만 번쯤 들었을 것이다. 진부하고 상투적인 표현이지만, 어떤 의미인지를 한번 떠올려보자. 자신의 믿음에 관해 생각해보자. 머릿속에 자리 잡은 '절대적인' 생각을 뜯어보고 어디서 왔는지 살펴보자. 어쩌면 삶의 어떤 시점에 누군가가 흑인은 모두 범죄자라거나, 사냥복과 존 디어John Deere* 모자를 쓴 덩치 큰 백인 남부 사람은 전부 인종차별주의자 시골뜨기가 틀림없다고 말해줬을지도 모른다. 아니면 모든 …은 …인 게 틀림없다고 말했을 것이다. 비슷한 경험을 한번 떠올려보자.

이것만은 기억해야 한다. 누군가의 입에서 '모든'이나 '전부'와 같은 단어가 나온다면, 경계심을 일깨워야 한다. 그 사람은 이제 매우 어둡고 어리석은 무언가를 말하려는 것이다.

---

* 세계적인 미국계 중장비, 농기계 제조사인 디어 앤 컴퍼니사Deere & Company의 상표.

28장

팀, 팀, 팀

내가 함께 일했던 운동선수 중에서도 수영 선수는 유난히 별종
이었다. 수영은 유달리 고독한 스포츠다. 물론, 육상 선수도 혼자
달리지만, 보통은 트랙이나 도로 또는 크로스컨트리 경기장에서
다른 선수들과 함께 달린다. 수영 선수의 삶은 매일 새벽, 물 아
래에서 시작되며, 거기서는 바깥세상의 소리가 멀리서 오는 것처
럼 들린다. 그들은 이런 세상에서 수영장 바닥에 표시된 선만 바
라보면서 끝없이 왔다 갔다를 반복한다. 이 고독한 선수들을 한
데 모으면 수영팀이 된다. 그러면 흥미로운 일이 생긴다.

　가장 '흥미로운' 존재는 몇 년 전 만난 여자 수영팀이었다. 팀

전체가 캠퍼스에 있는 세 채의 집에 흩어져 살았는데, 드문 경우는 아니었다. 하지만 파티를 즐기는 선수들이 우연히 한집에 살고, 매우 고지식한 선수들이 또 한집에 살고, 그 중간쯤의 선수들이 세 번째 집에 산다면 … 좋은 구성이라고 할 수는 없다.

팀은 그해 정말로 고전을 면치 못했다. 팀은 단합과 격려 대신 분열과 분노로 가득찼다. 주장은 젠 아른트Jen Arndt라는 젊은 여성이었다. 그녀는 팀에서 가장 강한 선수는 아니었지만, 팀에 모든 걸 쏟아부었다. 그녀는 풀장과 땅 위에서 100%의 시간과 100%의 노력을 쏟아부었다. 그녀는 팀을 뭉치게 하기 위해 열심히 노력했지만, 그녀 앞에 놓인 가장 큰 문제는, 선수들이 알코올과 관련한 팀 규칙을 걷잡을 수 없이 위반하는 것이었다. 그녀와 두 명의 공동 주장은 시즌이 시작될 즈음 규칙을 분명히 정해두었다. 경기가 있기 48시간 전에는 절대 음주 금지라고. 규칙을 어기는 사람은 누구든 동료에게 주의를 받을 것이고, 다음에는 주장 한 명, 그다음에는 두세 명의 주장에게, 그다음에는 팀 전체의 개입을 받을 것이라고 말이다. 이렇게까지 되면 결국 이야기는 코치진의 귀에 들어가게 된다.

결국 코치진이 문제를 알아채는 데는 오래 걸리지 않았고, 그때부터 모든 일이 엉망이 되기 시작했다. 그 대목에서 나도 끼어들었다. 나는 먼저 주장들을 만났고, 그들은 내게 도움을 요청했다. 나는 토요일마다 연습 직전인 아침 6시에 주장들을 만나기 위해 새벽 5시에 일어나야 했다.

우리가 해야 했던 첫 번째 일은 코치들을 움직이게 하는 것이었다. 주장들은 코치들이 더 적극적으로 지원해주길 원했다. 팀원들이 물 안팎에서 책임 있는 행동을 하도록 제재를 가하고, 더 높은 기준을 요구하는 사람이 필요했다.

그걸 해내면, 그들은 온전한 팀으로 돌아갈 것이다.

시즌이 끝날 무렵, 콘퍼런스 챔피언십이 코앞에 다가와 있었다. 팀 전체가 한데 모여 자유로운 분위기의 회의를 열었다. 모든 일이 도마 위에 올랐고, 아무런 거리낌 없이 잔혹할 정도로 솔직하게 토론했다.

나도 모임의 주최자로서 앞에 나설 수는 없었다. 상황은 좋지 않았지만, 팀의 역학을 믿어야만 했다. 나는 올바른 질문을 제시하고, 올바른 씨앗을 심고, 적당한 시기에 누군가 나서서 올바른 말을 하리라고 믿어야만 했다. 그 방에 있던 모두가 팀을 분열시키고 있던 문제를 마주 볼 것이라고, 아직 시간이 남아 있을 때 팀이 단합할 수 있다고 말이다.

그리고 그 일이 일어났다. 나는 그날 젠 아른트—그녀는 당연하게도 나중에 훌륭한 수영 코치가 되었다—가 이끄는 수영팀이 치유되는 모습을 목격했다. 그들이 서로에게 그리고 코치들에

266

게 솔직하게 감정을 털어놓고, 코치들도 마음을 열어 자신의 취약함과 선수들에게서 기꺼이 배우려는 마음을 보여주었을 때 변화가 일어났다.

영화 〈애니 기븐 선데이Any Given Sunday〉에 등장하는 알 파치노AI Pacino의 연설, 딱 그 순간만큼 좋았다.

우리는 지금 팀으로서 치유해야 한다.
그렇지 못하면 개인으로서 죽을 것이다.

이전에 보 스쳄베클러의 말을 인용한 적 있지만, 다시 한번 인용한다.

어떤 사람도 팀보다 중요하지 않다.
어떤 코치도 팀보다 중요하지 않다.
오로지 팀, 팀, 팀뿐이다.
우리가 무엇을 하든 한마음으로 그렇게 생각한다면, 그 태도가 팀에 어떤 영향을 미치겠는가?

나는 공기가 변했음을 느낄 수 있었다. 변화는 실재했고, 만질 수도 있을 것 같았다. 모든 선수 한 명 한 명이 그렇게 믿었을까? 아닐지도 모른다. 하지만 '증오하는 자'는 소수였다. 그들은 이제 나머지 팀원에게 어떤 영향도 미칠 수 없었다. 그들의 자기 패배적 태도와 행동이 나머지 팀원들에게 퍼져나가는 일은 멈췄다.

팀이 콘퍼런스 챔피언십을 위해 실력을 '갈고닦을' 때, 그들의 성적은 시즌을 6등으로, 운이 좋으면 5등으로 마칠 것이 거의 확실했다. 수영은 숫자가 지배하는 종목으로, 정해진 숫자를 벗어나기가 힘들었다. 결과가 나쁘다고 심판을 비난할 수 없고, 자기에게 공을 패스하지 않았다고 비난할 동료가 없고, 불리한 골을 허용했다고 비난할 골키퍼도 없다. 수영에서는 시계가 유일한 심판이며, 시계는 절대 거짓말을 하지 않는다.

그 콘퍼런스 챔피언십의 모든 경주에서 나는 스탠드에 있었는데, 그게 영화였다면…, 결과가 어떨지 짐작할 것이다. 눈앞에서 압도적인 질주가 벌어질 것이다.

그런 일은 일어나지 않았다.

하지만 내가 본 건 그만큼 좋았다. 어쩌면 그보다 훨씬 더 좋았다. 6등으로 들어왔어야 할 팀은 2등으로 골인 지점에 도착했다. 최종 결과가 발표되었을 때, 선수들은 마치 내셔널 챔피언십에서 우승이라도 한 듯 펄쩍펄쩍 뛰면서 소리 질렀고, 춤을 추면서 웃음을 터트렸다. 그들은 진심으로 1등 팀보다 더 기뻐했다.

그들이 마침내 팀으로서 하나가 되었기 때문이다. 나는 그 순간과 그 팀을 절대 잊지 못할 것이다.

'100%의 시간과 100%의 노력을 쏟아부어라'라는 말을 기억하는가? 팀에 그런 사고방식을 심을 수 있다면, 이기든, 지든, 비기든, 승패는 더 이상 중요하지 않다. '이기든, 지든, 비기든'이라는 태도는 팀에 완전한 해방감을 줄 수 있다. 우리가 끝까지 100%를 쏟아붓는 태도를 유지한다면, 어떤 결과가 나오든 우리는 잘 살아갈 수 있다.

이기면 고마워할 것이고, 승리를 절대 당연하게 여기지는 않을 것이다. 진다고 해도 우리가 가진 전부를 쏟아부었음을 알기에, 자존감과 자긍심은 온전히 지킬 것이다.

이것이 궁극적인 목표다. 모든 걸 쏟아붓고, 온전히 집중하고, 결심이 확고하다면, 비록 지더라도, 우리와 주변의 모두가 경외감을 느낄 것이고, 심지어 상대 선수들도 우리 팀에 속하길 바랄 것이다.

증언

에릭 캠벨Erik Campbell

에릭 캠벨은 1984년부터 1987년까지 미시간대학에서 풋볼 선수로 활약했고, 보 스켐베클러 코치 밑에서 1학년 때부터 선발true freshman*로 뛰었던 몇 안 되는 선수였다. 졸업한 후부터 그는 캐나다 풋볼 리그뿐만 아니라 미시간대학을 포함한 몇몇 NCAA 프로그램에서 코치직을 역임했다. 현재는 볼링그린주립대학에서 패싱 게임passing game 코디네이터이자 와이드 리시버wide receiver 코치로 일하고 있다.

**"인생에서 처음이겠지만,
이제 너는 다른 무엇보다 팀의 일원이어야 해."**

나는 그레그 하든이 담당한 풋볼팀에 속해 있었다. 나는 그를 만나 이야기를 나눈 경험을 잊을 수가 없다. 그는 우리가 이해할 수 있는 메시지를 던져 단숨에 우리의 관심을 사로잡을 수 있는 사람임을 보자

---

*   1학년 때부터 선발로 출전하는 선수로, 1년간 몸을 만들면서 경기에는 출전하지 않는 유급 신입생redshirt freshman과 반대되는 개념이다.

270

마자 알아챌 수 있었다.

　그는 지금의 삶과 상황을 완전히 새로운 방식으로 보게 했다. 우리가 왜 특정한 행동을 하는지, 왜 특정한 방식으로 일을 하는지, 그 결과는 무엇인지에 관해 눈 뜨게 했다.

　그는 우리가 하는 행동 뒤에 숨어 있는 감정과 동기, 그리고 '이유'를 이해할 수 있게 도왔다. 그는 우리가 선수와 학생, 남자로서 겪고 있는 일이 무엇인지 짚어줬다. 시간이 지나 그때를 돌아보며 나는 그에게 물었다. "선생님은 그걸 어떻게 아셨어요?" 우리 각자의 고군분투를 그가 어떻게 알고 있는지가 놀라울 따름이었다. 나는 그에게 배운 교훈을 여전히 간직하고 있다. 자신의 사고방식과 행동, 그것이 어디서 출발했는지를 이해하라는 교훈 말이다.

　그가 우리에게 가르쳐준 가장 중요한 하나는 팀의 진정한 일원이 되는 방식이었다. 고등학교 때 우리 모두는 주 대표를 비롯해 이런저런 대표를 지낸 경험이 있다. 하지만 이제 그 시절은 지나갔고 우리는 이제 무엇보다도 팀의 일원이 되어야만 했다. 아마도 우리 삶에서 처음이었을지도 모른다.

　우리는 보 스켐베클러의 팀이었다. 그가 팀의 일부가 되기를 강조한 건 두말할 필요가 없다. 나는 그때부터 팀의 일부가 되고자 했고, 코치로서 30년 넘게 일해오면서 여전히 그레그의 교훈을 되새기고 있다. 교훈은 모두 나의 일부가 되었고, 나는 그 교훈을 이제 내가 맡은 프로그램을 거친 모든 청년에게 공유한다. 그 교훈은 삶을 헤쳐나갈 때 반드시 필요한 단계적 과정이다. 그래서 나는 그레그가 내게 가르쳐준 교훈을 그들에게 똑같이 가르친다.

자신을 믿어라.

서로를 믿고, 팀을 믿어라.

풋볼 선수 이상의 사람이 되어라.

인격과 본질을 갖춘 사람이 되어라.

이것이 내가 여전히 코치로 일하는 이유다. 그레그가 내게 가르쳐준 교훈을 이제는 남들에게 전할 수 있기 때문이다. 그러면 그들이 세상 밖으로 나가 계속 그 교훈을 퍼뜨릴 것이다.

29장

팀보다 중요한 사람은 없다

2018년 5월이었다. 나는 캘리포니아주 샌디에이고에 있는 커다란 회의실 연단에 서 있었다. 내 앞에 앉아 있는 사람들은 전 세계 각지에서 모인 의료기술 산업의 노련한 전문가들이었다. 그들은 전 세계 네 지역을 각각 대표하는 회사 그룹에서 왔는데, 북아메리카·영국·호주·사우디아라비아였다. 네 개의 그룹은 문화도 완전히 달랐는데, 회의실을 사등분해서 그들끼리 앉아 있었다.

서류상으로 이제 네 그룹은 회의실에 한데 모여 업계 사상 최대의 다국적 기업을 이루었다. 하지만 '서류상'으로 팀이 만들어지지는 않는다. 한 사람이 자리에서 일어났다. 회의실에 앉아 있는 사람들을 향해 연설하기 위해서였다. 그는 네 개의 하위그룹에 속하지 않은 새로운 CEO로서, 이 거대한 합병을 어렵게 성사시킨 외부인이었다. 그는 세계적인 경쟁적인 시장에서 가장 성공한 의료기술 기업을 만들어야만 했다.

연설은 1시간 20분 동안 이어졌다. 그는 진지했고, 인상적이었다. 회의실에 앉아 있는 모든 이가 그의 말을 주의 깊게 들었다. 이제는 그가 그들의 삶에서 가장 중요한 사람이기 때문이다.

그가 앉고, 두 번째로 낯선 인물이 나설 차례였다. 바로 나였다. 나는 일어나 회의실을 가득 채운 사람들의 얼굴을 살폈다. 호기심을 보였고, 불안감도 보였다. 의심과 걱정도 보였다. 먼 데서 와서 한자리에 모여 이제는 하나의 팀이라는 말을 듣는 네 개의 분리된 그룹이 보였다.

하지만 내 눈에 팀은 보이지 않았다. 내가 나선 이유도 바로 그것이었다. 회의실에 있는 네 개의 그룹을 하나의 팀으로 만드는 것이 내 역할이었다. 게다가 내게 주어진 시간은 반나절뿐이었다.

이번 장을 28장 〈팀, 팀, 팀〉 바로 뒤에 배치한 것은 의도적이다. 나는 이전 장에서 성격이 각기 다른 개인들이 모여 뭉치지 못하는 수영팀이 마침내 하나가 되는 것을 언급했다. 그런데 나는 운동선수 그룹이 하나가 되지 못한 채, 벽에 걸린 단체 사진

이상의 의미를 지니거나 더 강력한 무엇인가를 만들어내지 못하는 경우도 숱하게 보아왔다.

매년 대략 950명의 운동선수가 미시간대학 캠퍼스로 온다. 그중 약 250명은 미시간대학에 처음 온 학생들이다. 어떤 종목의 선수이든 그들은 거의 평생을 자신을 위해서만 운동해왔다. 그들에게 다른 이들은 그저 경쟁자에 불과하며, 한두 시즌은 같은 유니폼을 입은 팀원일 수도 있지만, 결국에는 각자의 미래로 향할 운동선수일 뿐이다.

어린 선수들이 우리 캠퍼스에 막 도착하면, 이제 그들의 미래는 현재가 된다. 몇몇 선수는 난생처음으로 팀의 일부가 되는 법을 배워야만 한다. 소도시에서 온 선수도 있고, 일부는 도심 빈민가 출신이다. 완전히 다른 나라에서 온 선수도 있다. 다른 배경, 다른 문화, 다른 경험을 지닌 이들은 스포츠뿐만 아니라 학업과 대학 집단에서도 적응해야만 한다. 그들에게는 새롭게 따라야 할 규칙과 부응해야 할 기대와 요구사항이 기다리고 있다.

이러한 변화에 적응하지 못한 선수도 있다는 건 슬픈 현실이다. 마찬가지로 어떤 스포츠팀은 끝까지 뭉치지 못하는 것도 엄연한 사실이다. 다행히도 이전 장에 등장한 수영팀은 하나가 되는 방식을 찾아냈고, 빅 텐 챔피언십 대회에서 2등이라는, 전혀 예상치 못한 성적을 거두었다. 우리는 보통 스포츠팀을 얘기할 때 승패 성적을 비롯해 콘퍼런스와 내셔널 챔피언십에서 일군 순위 등을 중요하게 생각한다.

이때부터 몇 년 후 샌디에이고의 한 회의실에 전 세계 네 개의 다른 회사에서 온 의료기술 전문가들이 가득 차 있었고, 그날의 회의에 거기 앉아 있는 모든 이의 경력과 그들 가족의 미래, 그리고 한 다국적 기업의 성패가 달려 있었다.

게다가 이 기업이 하려는 일(의료 시설의 품질관리를 보장하는 새롭고 더 나은 방법 만들기, 환자를 위험에 빠뜨릴 수 있는 오류와 잘못된 의사소통의 가능성 줄이기) 역시 말 그대로 목숨을 구하는 일이었다.

"이 방에 있는 모두가 극심한 변화에 직면했습니다." 나는 그들에게 말했다. "여러분에게는 새로운 상사와 새로운 조직이 생겼습니다. 다양한 문화와 배경에서 온 사람들이 여기 한데 모여 있습니다. 여러분 중 누구도 전에 이런 경험을 해본 적이 없을 겁니다. 그러니 여러분이 늙든 젊든, 세계의 어느 지역에서 왔든, 두려움과 자기 의심이 회의실을 가득 채울 겁니다."

나는 그들의 얼굴을 내려다보았다. 두려움과 자기 의심은 이미 드리워져 있었다. "두려움과 자기 의심은 예상할 수 있는 변수입니다." 나는 가능한 모든 상황에서 수천 명에게 반복해온 말을 읊었다. "그러므로 두려움과 자기 의심은 감당할 수 있습니다. 여러분은 두려움과 자기 의심을 예상해야 합니다. 그다음 신중하게, 그리고 의도적으로 그것에 휩싸일지 말지를 결정해야 합니다."

나는 그들이 내 말을 이해할 수 있도록 잠시 멈췄다. 회의실에 있던 한 사람 한 사람이 자기만의 결정을 내리기 시작했다.

"저는 여러분의 제품을 살펴봤습니다. 그래서 여러분이 무엇을 하려는지 알고 있습니다. 병원을 더욱더 안전하게 만들고, 의약품이 더욱더 좋은 약효를 내도록 하는 것이지요. 여러분은 생명을 구하는 일을 하고 있는 겁니다."

몇몇이 고개를 끄덕이는 모습이 보였다.

"여러분이 이제 해야 할 일은 자신의 머릿속에서 빠져나와서 서로에게 품었을지도 모르는 고정관념을 넘어서는 겁니다. 북아메리카, 영국, 호주, 사우디아라비아에서 왔다는 사실에 비춰 떠오른 생각을 돌아보십시오. 저는 여러분이, 여기 모여 있는 모두가 함께 핵심 임무에 집중할 것을 이 자리에서 결심했으면 좋겠습니다. 언어와 문화가 다를지라도, 목표는 같기 때문입니다. 제가 보기에, 여러분은 생각보다 훨씬 많은 공통점을 지니고 있습니다!"

이것이 그날 열린 두 차례의 회의 중 첫 번째였다. 다음 회의에서는 팀으로서 그들이 직면한 도전을 이해하도록 도운 다음, 편견을 깨부술 수 있도록 노력했다.

궁극적으로 훌륭한 팀원이 되는 것은 자신을 믿는 데서 시작한다. 가장 나은 자신이 되는 데 집중하는 것, 다시 말해 이 책에서 지금까지 말한 모든 것—세상에서 자신에 관해 가장 훌륭한 전문가가 되는 것, 자신의 자기 패배적 태도와 행동을 인식하는 것, 통제할 수 있는 것을 통제하는 것, 집중하고 개선하고 유지하는 것—은 나의 두 번째 메시지였다. 기업 입장에서 이 시기에는 각자가 개인적 탁월함에서 다음 단계로 올라서야 할 필요가 절실했기 때문이다.

나는 며칠 후, '진정으로 모두의 마음과 영혼을 하나 되게' 해줘서 감사해하는 격려의 쪽지를 받았다. 그 기업 회장으로부터 받은 것이었다. 풋볼팀에게 게임 볼을 받거나 수영장 끝에서 흠뻑 젖는 것과 같은 경험은 아니었지만, 나는 회장의 친절한 말이 그만큼이나 고마웠다.

영광스럽게도 여러 스포츠 부문과 전문직 팀 앞에서 연설할 기회가 앞으로도 있을 것이다. 그리고 나는 어떤 종류의 팀이든, 크든 작든, 그들의 문제가 얼마나 사소하든 거대하든, 보 스켐베클러가 누구보다 강조했던 핵심 메시지를 언제나 전할 것이다.

어떤 사람도 팀보다 중요하지 않다.

오로지

팀,

팀,

팀뿐이다.

증언

왈리드 서매하 Waleed Samaha

왈리드 서매하는 고등학생 때 그레그 하든을 만난 이후로 줄곧 그와 친분을 이어오고 있다. 그는 교육자, 사회복지사, 농구 코치로 수년간 일했다. 앤아버휴런고등학교에서 남자농구팀 코치로 14시즌을 지낸 후, 자리를 옮겨 미시간대학 농구팀 운영부장이 되었다. 대학에서 한 시즌을 거친 후, 다시 앤하버휴런고등학교로 마음이 향한 그는 현재 일반교육 사회복지사이자 여자농구팀 코치로 있다.

"그레그는 그 용어가 생기기도 전부터 인지행동 치료를 하고 있었다."

나는 어릴 적에 보의 아들인 글렌 '셰미' 스켐베클러 Glenn 'Shemy' Schembechler의 친구였는데, 그때 그레그 하든을 만났다. 보는 그레그를 고용해 선수들과 상담해달라고 했고, 나는 그가 선수들에게 강연하던 날, 우연히 그 자리에 있었다. 나는 마음속으로 생각했다. '맙소사, 내가 본 것 중에 가장 멋진 강연이었어.' 당시 고등학교 3학년이던 나는 그레그에게 말했다. "선생님 직업이 뭔지는 모르지만, 방금 하신 게 뭐가 됐든, 저도 언젠가 그걸 하고 싶어요."

내가 아직 대학에 입학도 하지 않은 고등학생임을 알고 그가 말했다. "졸업하면 나를 만나러 다시 오렴." 그래서 정말로 졸업장을 받은 다음 날, 나는 그의 사무실을 찾았다. "저 왔어요!"

나는 며칠을 그를 따라다니며 괴롭혔다. 내가 졸라대는 통에 지쳤는지, 아니면 '이 정도 열성이라면 충분히 해내겠군'이라고 생각했는지, 그는 결국 나를 인턴으로 받아주었다.

누구든 그레그 하든과 함께 있다면, 단순히 그에 관해 알게 되는 게 아니다. 우리가 보는 그의 모습은 그가 보일 수 있는 최선의 모습이다. 그와 1시간을 함께 보낸다면, 우리는 무장해제되어 해야 할 말은 무엇이든 기꺼이 털어놓게 된다. 그는 최선을 다해 남의 말을 경청하는 사람이기 때문이다. 그의 가장 위대한 기술은 들어주는 능력, 즉 경청이다. 경청은 사라지고 있는 기술이지만 그레그는 경청의 거장이다.

그는 내 삶의 코치이자 멘토이자 친구다. 그레그는 아버지 이외에 내 삶에 가장 큰 영향을 끼친 유일한 사람이다. 나는 그레그에게서 배운 교훈을 삶의 모든 영역에 적용한다. 남편으로서, 아버지로서, 교육자로서, 코치로서. 나는 자신도 모르게 '그레그라면 지금 뭐라고 말할까?'라고 스스로에게 묻는다.

코치로서 그레그에게 배운 가장 위대한 교훈은, 지금 선수들에게 필요한 얼굴을 보여줘야 한다는 것이었다. 가끔은 선수들의 내면으로 들어가 그들이 느끼는 감정을 알아차려야 하고, 그 감정에서 그들을 끌어낼 수 있는 얼굴을 보여줘야 한다. 그 감정이 자기 패배적 행동이나 태도라면, 그들의 내면으로 들어가 비명을 지르고 크게 호통쳐봐야 소용이 없다. 그들은 당장 그럴 필요를 느끼지 못하기 때문이다. 그들은 자신감을 끌어올려야 하고, 에너지의 방향을 돌려야만 한다.

코치와 리더와 아버지로서, 직장과 가족 내에서 사람들을 이끌 때는 언제든지, 그들이 필요한 것을 들어줘야 한다. 그렇게 그레그의 리더십 스타일은 사람들에게 힘을 부여하고, 사람들이 스스로를 믿게 하는 것이었다. 때때로 사람들이 자신을 믿기 전부터 우리는 그들을 믿어야만 한다. 우리가 그들의 자신감과 기술을 북돋울 때, 그들은 뛰어난 사고방식을 갖게 된다.

그레그가 찰스 우드슨에게 건넨 말이 기억난다. "네가 자신을 그저 풋볼 선수로만 정의하도록 내버려둔다면, 우리는 너를 망친 것과 다름없어." 찰스 우드슨은 하이즈먼 트로피 수상자였지만, 그레그는 그에게 풋볼 선수 이전에 먼저 학생이 되어야 한다고 말했다.

교육자로서 경험이 쌓이면서 나는 인지행동 치료Cognitive Behavioral Therapy, CBT에 끌렸는데, 기본적으로 다르게 생각하도록 훈련하는 치료다. 다르게 느끼고 다르게 행동하는 최고의 방법은 다르게 생각하는 것이다. 그레그는 우리가 그것을 'CBT'라고 부르기도 전에 이미 실행하고 있었다. 부정적인 생각을 긍정적이고 생산적인 생각으로 바꾸라고 가르치면서 말이다.

나는 학교 아이들에게뿐 아니라, 다른 직원이나 심지어 부모를 코칭할 때도 같은 접근법을 사용한다. 직시해야 할 문제가 있을 때, 바로 그것이 내가 묻는 첫 번째 질문이다. "우리는 이 문제를 생각하는 방식을 통제할 수 있다. 그렇다면 우리는 무엇을 선택해야 할까?"

그레그는 사람들과 일할 때 자주 유머를 구사한다. 그는 당신을 웃게 할 것이다. 그러다 어느 순간 당신의 사고방식이 무엇인지, 왜 그게 효과가 없는지, 그리고 왜 우리가 자신에게 솔직해져야 하는지를 깨닫게 할 것이다. 어느 시점이 되면 우리는 웃음기를 거두고 진지하게 생각하는 방식을 바꾸어야 한다.

왈리드 서매하에 관해 그레그가 전한 몇 마디.

왈리드 서매하는 누구나 알 만한 사람은 아니다. 하지만 나의 교훈을 받아들이고 훈련하여 마침내 자기 것으로 만들어 가르치고 홍보하는 한 명을 꼽으라면, 단연코 그일 것이다.

게다가 나만의 전략과 기법을 확신하게 한 사람이 있다면, 그 역시 왈리드일 것이다. 그에 대한 나의 신뢰와 확신, 그가 이런 훈련을 다음 단계로 끌어올린 방식은 의심할 필요가 없다.

왈리드, 네 믿음과 충직, 우정에 감사를 표한다.

30장

칭찬을 받아들이는 법

세라 캠스트라Sarah Kamstra는 미시간대학 다이빙 선수로 2016년
빅 텐 챔피언십에서 우승이 유력했다. 그녀는 3m 스프링보드와
플랫폼*에서 디비전I에 속해 있었고, 미국체력관리학회National
Strength and Conditioning Association, NSCA에서 올 아메리칸 선수로 선발
되었으며, 미국 대학 수영 및 다이빙 코치 협회College Swimming and
Diving Coaches Association에서 선발한 스칼러 올 아메리칸Scholar All-
American**에 뽑혔다.

---

*   다이빙 종목은 스프링보드(1m, 3m)와 고정된 플랫폼에서 경기하는 하드다이빙(5m, 10m)
       으로 구성되어 있다.

똑똑하고, 강하고, 어느 모로 보나 성공한 삶 아닐까?

18장에서 소개했던 여성을 떠올려보자. 그녀는 꿈꾸던 삶을 이루었지만, 머릿속에서 부정적인 자기 대화가 반복되는 걸 멈출 수 없었다. 그녀처럼 어떤 사람은 왜 무언가를 잘할 수 있다는 생각을 전혀 받아들이지 못하는 것일까? 왜 우리는 칭찬에 그냥 '감사합니다'라고 대답하고는 가만히 있지 못할까?

나는 세라와 이 문제를 풀어보고자 했다. 그녀의 허락을 구해 그녀가 표현했던 말을 그대로 옮긴다. "개인으로서 제가 누구인지 자신이 없어요. 사소한 칭찬을 듣더라도 그냥 내게 쏟아지는 스포트라이트에서 벗어나려고 칭찬과 관계없는 헛소리를 횡설수설해요."

나는 그녀에게 '감사합니다'라고 말한 후 입을 다무는 연습을 해야 한다고 말했다. 단순하게 들릴지 모르지만, 같은 문제를 겪고 있다면 도움이 될 것이다.

"몇 주간은 힘들었어요. 칭찬을 듣고 대화하면서도 상대가 전하는 진심을 받아들이지 못했어요. 나도 모르게 끊임없이 상대가 칭찬을 하는 다른 이유를 찾았죠. 그런 나 자신을 발견할 때마다 짜증이 났어요. 고맙다고 말하고 그냥 혀를 깨물었던 때도 있었어요."

** 대학 수영과 다이빙 선수 중 학업과 경기 실력이 월등한 학생에게 수여하는 상.

하지만 몇 주간 연습한 후에, 그녀의 자신감은 마침내 피어나기 시작했다. "그 순간을 받아들이고 소통에 감사할 수 있었어요. 이전보다 자신을 더 많이 사랑하는 법을 배웠죠. 자신을 더 사랑하면서부터는 '감사합니다'라고 대답하고 칭찬을 받아들이는 게 훨씬 쉬워졌어요. 자기 패배적 행동을 인식하고 나니, 자기 성장과 수용이라는 완전히 새로운 물결을 받아들이게 됐어요. 그래서 이제는 칭찬받을 때마다, '감사합니다'라고 말하고는 입을 다물어요."

당신도 이런 적이 있었을 것이다. 누군가가 당신을 칭찬하면, 당신의 긍정적인 면을 인정하려는 그들의 의도를 즉시 무시해버린 적은 없는가?

우리는 어떤 사실을 설명하면서 상대의 의견을 정정한다. "아, 이 옷은 오래돼서 낡았어요." 또는 칭찬을 중화하려고 그들에게 칭찬으로 답한다. 가끔은 칭찬받는 상황이 너무 불편한 나머지 억지로 주제를 바꾸면서 상대의 긍정적인 표현을 무시해버린다. 상대의 의견을 바꾸기 위해 필요하다면 싸우기까지 한다. 칭찬을 회피하려고 뭐든지 하는 것이다. "이 옷 때문에 날씬해 보이는 것뿐이에요." "그 프로젝트는 보기만큼 어렵지 않았어요." "당신이 생각하는 것만큼 저는 그리 잘하지 못해요." 자신을 칭찬하는 상대에게 당신의 안목을 믿으면 안 된다고 설득하는 셈이다. 그리고 그 말에 상대가 반박하기 전에 곧바로 주제를 바꾼다.

나는 살면서 체육계와 경영계, 이외 다른 분야의 전문 직종에 종사하는 뛰어난 사람을 수백 명이나 만났다. 똑똑함은 물론 너무 매력적이라 말 그대로 숨이 멎을 정도로 놀라운 사람도 있었다. 평생 인연을 유지하고 싶은 자상하고 동정심 많은 사람도 있었다.

그런데도 나는 여전히 칭찬을 받아들이지 못하는 인간의 보편적인 속성을 경험한다. 남들에게 칭찬을 잘하는 사람일수록 자신이 받는 칭찬을 더 받아들이지 못하는 경향이 있었다. 솔직히 말해, 나도 예외는 아니다. 나는 사람들의 사기와 자신감을 북돋워주는 일은 꽤 잘하고, 그 점을 잘 알고 있다. 내가 매일 하는 일이기 때문이다. 하지만 누군가가 나를 특별한 사람이라고 표현할 때마다, 내가 그 표현을 얼마나 불편해하는지를 느낄 수 있다.

왜 그렇게 불편함을 느끼는지는 어느 정도 이해한다. 우리는 어린 시절부터 품위 있고 겸손해야 한다고 배워왔기 때문이다. 자화자찬하거나 오만하면 안 된다고도 배웠다. '교만 뒤에는 몰락이 온다Pride goeth before a fall'라는 속담도 있지 않은가.

아니면 전략적인 선택일 수도 있다. 다른 사람이 자신을 떠받들지 않게 하려고 개발한 전략일지 모른다. 칭찬 다음에 보통 어떤 말이 나올지, 무슨 일이 일어날지 두렵기 때문이다.

이유가 무엇이든, 칭찬을 무의식적으로 피하지 말라고 부탁하고 싶다. 쉽지 않음을 안다. 나도 '감사합니다'라고 대답하고 말을 멈추는 데 오랜 시간이 걸렸다. 칭찬을 받아들이는 태도가 나를 칭찬하는 사람을 존중하는 행위임을 깨달은 게 도움이 되었다. 무의식적으로 그들의 관점을 거부하는 대신, 상대가 전한 칭찬의 가치를 내가 인식했음을 알려주는 것이 상대에게 보답하는 것이었다.

또 인간으로서 나도 칭찬이 필요하다는 걸 깨달았다. 우리 모두 그렇다. 칭찬이 절실했던 때를 떠올려보자. 5분마다 나를 칭찬해줄 사람이 필요하지는 않지만, 살면서 누군가의 인정이 꼭 필요했던 시기가 있었을 것이다. 인정의 힘을 부인하는 것은 음식이나 물과 같은 생필품을 부인하는 것과 마찬가지다.

특히 이 책에서 전하는 메시지들을 자신의 것으로 만들려면 칭찬의 힘이 반드시 필요하다. 우리가 100%의 시간과 100%의 노력 쏟아붓기를 연습하고, 훈련하고, 반복할 때 칭찬은 지금 우리가 에너지를 쏟고 있는 일이 정말로 효과가 있는지, 다른 이들이 당신의 변화를 느끼는지 알려준다. 이때 칭찬을 거부하는 건 그간 들인 노력과 자신의 가치를 거부하는 것과 마찬가지다. 당신이 '자기애와 자기 수용'을 열정적으로 추구하고 있다면, 품위 있고 겸손하게 진심 어린 칭찬을 받아들일 수 있을 것이다.

그러니 다시 한번 말하겠다. 이제 누군가가 당신을 칭찬하면…'감사합니다'라고 말해라.

그리고 입을 다물어라.

31장

속삭임과 벽돌

내 직속으로 일한 인턴은 많지 않았으나, 체육부의 다른 자리에서 일하는 인턴은 늘 많았다. 그중 최고는 잭슨 웨버Jackson Weber라는 청년이었다. 그는 늘 최선을 다했기에, 그가 떠나자 나는 무척 아쉬웠다. 그리고 잭슨은 당시 나만큼 슬펐을 뿐만 아니라 망연자실했다.

인턴 기간이 끝난 그는 돈이 다 떨어졌고, 임대차 계약은 만료되어 이제는 어디에 살아야 할지도 모를 지경이었다. 집에 있는 가족과도 문제가 조금 있었고 가족을 도와야 한다는 책임감도 무겁게 느꼈다. 하지만 그에게는 큰 꿈이 있었기에 부모님 집으로 돌아가지 않았다.

그는 이미 너무 멀리 왔다. 그의 어린 시절은 순탄치 않았다. 사람들은 대부분 그를 잘생기고, 건강하고, 세련되고, 말솜씨가 좋은 청년으로 여겼고, 성공으로 가는 길에 올라탄 사람으로 바라보았다. 하지만 나는 그의 모습 뒤에 고군분투하며 하루하루 살아가는, 과체중의 길 잃은 아이가 있다는 걸 알아챘다. 잭슨은 멀리 걸어온 길만큼이나 자신의 미래도 불확실하게 느꼈다. 그는 마침내 찾아온 대학을 자신에게 딱 맞는 자리로 생각했다. 그래서 대학을 떠나야 했던 그때는 그야말로 거대한 갈림길을 만난 순간이었다.

나는 이것만은 장담한다. 나도 멘토mentor로서 나의 멘티 mentee에게서 많은 것을 배우곤 하는데, 잭슨이 갈림길에 맞닥뜨렸을 때 내가 그에게서 배운 교훈은 결코 잊지 못한다. 그는 수년 전에 만났던, 노숙자 노인 이야기를 들려주었다. 보통 사람들은 그냥 노숙자를 지나치거나, 25센트짜리 동전을 컵에 떨어뜨려 줄 수는 있으나 노숙자에게는 절대 먼저 말을 걸지는 않는다. 하지만 잭슨은 노숙자와 여러 번 만나서 진지하게 대화를 나눴다. 그런데 이 노인이 잭슨에게 평생 잊지 못할 명언을 남겼다는 것이다.

"신은 속삭임과 벽돌로 말한다."

잠시 이 말을 곱씹어보자. 정말로 진실이지 않은가? 우리는 살면서 몇 번이나 '속삭임'을 들었는가? 특정한 길에 올라선 우리는 속으로는 방향을 바꿔야 함을 알고 있다. 하지만 우리는 속삭임을 무시하고 그냥 계속 가기 마련이다.

예를 들어, 어떤 사람이 주변 사람을 힘들게 해도 속으로는 이렇게 생각한다. '음, 그/그녀/그들은 아직 나를 그런 식으로 대하지는 않았잖아.' 여기서 키워드는 '아직'이다. 하지만 그들은 행동으로, 즉 그들이 주변 모두를 대하는 방식으로 그들이 정확히 어떤 부류의 사람인지를 분명하게 설명하고 있다.

속삭임은 때로 미묘하지만, 오해의 여지가 없다. 만약 우리가 속삭임을 무시한다면, 단기간은 작은 고통을 피할 수 있다. 하지만 그다음에는 무엇을 얻을 수 있을까?

만약 벽돌이 날아와 머리에 맞는다면 엄청나게 아플 것이다. 그리고 가끔은 필요할 때도 있다. 우리의 관심을 끌 만한 명백하고 부인할 수 없는 메시지 말이다. 우리의 방향과 활동, 어쩌면 우리의 태도와 행동을 바꾸게 할 놓칠 수 없는 신호가 필요하다.

당시 잭슨은 다음 단계로 넘어가야 할 때였고, 속삭임을 따라 자신을 바꿀 수 있는 능력을 발휘해 훌륭한 삶으로 이어지는 길을 찾아갔다. 그는 현재 기업가이자 남편이자, 마음먹은 일이라면 무엇이든 뛰어난 성과를 보이는 사람이 되었다.

나는 그가 내게 남긴 교훈을 항상 기억할 것이다. 우리 삶에서 들리는 속삭임에 대한 민감성을 높여라. 오른쪽 어깨에 내려앉은 천사는 우리에게 우리의 가장 은밀한 생각과 깊이 간직한 꿈을 말해줄 것이다. 천사는 진실을 속삭일 테니, 주의 깊게 들어라.

눈앞에 벽돌이 나타나기만을 기다리지 마라. 벽돌은 항상 우리를 훨씬 더 많이 아프게 하기 때문이다.

32장

대중 앞에서 말하기가 두려울 때

누군가 당신에게 당장 내일 500명의 대중 앞에서 20분간 연설해야 한다고 말한다면 어떤 기분이 들까? 땀이 나고 손이 떨릴 수도, 누군가는 바지를 갈아입어야 할 수도 있다.

대중 앞에서 말할 때 느끼는 두려움을 라틴어로는 '말하기 공포증Glossophobia'이라고 한다. 네 명 중 세 명이 '말하기 공포증'으로 힘들어한다는 글을 읽은 적이 있다. 대중 앞에서 말하기를 두려워하는 사람이 당신만은 아니다. 하지만 삶의 어느 시점에서는 말하기에 따르는 두려움을 직면해야 한다. 그리고 내게는 그 문제를 쉽게 해결할 확실한 아이디어가 있다.

미시간대학 수구 선수polo player인 리아 로버트슨Leah Robertson
은 내가 만난 사람 중에서 말하기 공포증이 가장 심했다. 그녀는
키가 크고 다부진 체격으로 팀에서 최고의 선수였으며 다방면에
서 매혹적인 사람이었다. 하지만 시즌 마지막에 관중 앞에 서야
하는 순간이 그녀에게는 늘 악몽이었다.

내가 그녀에게 말한 첫 번째는 그날 저녁 분명히 두려움과
자기 의심의 악마가 나타나리라고 예상해야 한다는 것이었다. 두
려움과 자기 의심은 사람이라면 겪을 수밖에 없다. 그리고 그 악
마를 예측할 수 있다면, 우리는 감당할 수도 있다.

그녀에게 말했다. "그 악마를 예상하고 한번 포용해봐. 악수
를 건네면서 조금 늦었다고 말해. 지금은 너희를 상대할 시간이
없으니 앉아서 기다리라고, 네가 일을 모두 마친 후에 다시 돌아
오겠다고 말이야."

진짜 용기는 바로 그런 것이다. 두려움이 없는 게 용기가 아
니라, 두렵지만 자기 일을 계속 해내는 것이 용기다(25장 참조).
관중 앞에서 말하는 데 필요한 용기는 관중과는 아무런 관계가
없다. 우리 앞의 관중은 무기를 들고 우리를 해치려 하지 않는다.
오히려 회의실에 모인 사람들은 모두 우리가 잘해내길 바란다.
두려움은 전적으로 우리 머릿속에 있다. 그리고 머릿속은 우리가
통제할 수 있는 유일한 것이다.

통제 가능한 것을 통제하라. 이 말을 실행하는 데 도움이 필요하다면, 내가 줄 수 있는 최고의 조언이 있다. 처음 2분간 해야 할 말을 처음부터 끝까지, 완벽하게 암기하라. 첫 2분을 자기 것으로 만들어야 한다. 모든 언어가 자신의 일부가 될 때까지 준비하고, 외우고, 강박적으로 연습해야 한다. 물구나무를 서고도 암송할 수 있을 때까지 연습해보자.

자, 이제 무대에 올라서고 처음 2분을 완벽히 해낸다. 자동운항장치로 운전하듯 120초가 순탄히 지나갈 때, 그동안 나 자신에게 놀라운 일이 벌어지고 있다는 사실도 알아챌 수 있다. 긴장이 풀리고 편해진 자신을 발견할 것이다. 동시에 회의실을 메운 사람들이 당신과 맞서고 있는 게 아니라, 당신과 함께하고 있다는 사실을 깨달을 것이다. 다음에 사람들 앞에서 이야기해야 할 때는 훨씬 편해질 수 있다.

시즌이 끝났을 때 리아 로버트슨은 관중 앞에 서서 처음 2분을 순조롭게 얘기할 수 있었고, 그다음은 너무 쉬웠다.

그녀는 지금 사업체를 운영하고 있다. 이제는 늘 대중 앞에 나서며 절대 망설이지 않는다.

당신도 이와 같은 어려움에 직면했다면 내가 말한 기법을 적용해보자. 틀림없이 이겨낼 수 있다고 확신한다.

33장

스스로 말하게 하라

나는 자신의 사업체에서 일할 사람을 고용하는 수많은 임원과 일해왔고, 나 자신도 매니저나 관리자 입장에서 지원자를 면접한 경험이 많다. 그런데 사실 수많은 면접 자리에서 내가 배운 한 가지는 아주 간단하다.

면접자 스스로 말하게 하라.

어느 작은 마을에서 주유소를 운영하는 남자가 있다. 어느 날, 자동차 한 대가 주유하러 주유소에 들어서고, 곧이어 운전자가 내린다. "막 이 마을로 이사 왔어요. 여기 사람들은 어떤가요?"

주유소 사장이 말한다. "그전에, 당신이 전에 살던 마을 사람들은 어땠는지 말해보시겠어요?"

"세상에서 가장 고약한 사람들이었어요. 친절하지도 않고, 배려심 없고, 그냥 끔찍했지요. 그 사람들에게서 벗어나서 얼마나 기쁜지 몰라요."

"그렇다면, 여기서도 같은 부류의 사람들을 만나게 될 것 같군요."

몇 시간 후, 두 번째 차가 주유소에 들어선다. 주유를 하려고 자동차에서 내린 운전자가 말한다. "우린 막 이 마을로 이사 왔습니다. 여기 사람들은 어떤가요?"

주유소 사장은 첫 번째 운전자에게 물었던 질문을 반복한다. "전에 살던 마을 사람들은 어땠습니까?"

운전자가 대답한다. "굉장히 좋은 분들이었죠. 쉽게 찾아볼 수 없을 만큼 친절하고 다정한 사람들이었어요. 그분들을 떠나게 되어 너무 아쉬웠죠."

"그렇다면, 운이 좋으시네요. 여기서도 같은 부류의 사람들을 만날 겁니다."

간단한 이야기지만, 내가 말하고자 하는 핵심을 알아챘을 것이다. 회사나 조직에서 누군가를 면접할 때도 이 기법을 사용해보자. 면접자에게 이전 직장이나 학교에서 가장 좋았던 경험이 무엇이었는지 묻고, 이어서 최악의 경험도 물어보자. 지금껏 만났던 최고의 상사나 교사를 질문해도 좋다.

이제는 면접자가 어떻게 말하는지 집중해서 들어야 한다. 면접관이 반드시 알아야 할 정보를 모두 털어놓을 테니 말이다. 누구나 기분 나쁜 경험을 하거나 최악의 상사를 만날 수 있다. 면접자가 그 경험이나 사람을 어떻게 묘사하는지 귀 기울여라. 그들이 겪은 부정적인 것이 무엇이든, 그들이 거기에 조금이라도 책임을 느끼는지 살피고, 자기만의 좁은 관점에서 벗어날 수 있는지 알아내야 한다.

"그냥 서로 맞지 않았습니다. 엄밀히 말해, 저는 당시 회사 사정에 맞는 적절한 사람이 아니었습니다. 그 회사는 다른 기술을 지닌 사람이 필요했던 거 같아요."

이렇게 말할 수도, 아니면 그저 불평만 늘어놓을 수도 있다.

"제 상사는 좀 쉽지 않았어요. 그가 지시하는 일마다 불합리했습니다. 제가 운이 없었다고 생각합니다. 항상 그런 사람들과 일하게 되니까요."

예를 극단적으로 들었는데, 핵심이 전해졌길 바란다. 조직의 상황이 좋지 않을 때 이들이 당신을 두고 어떻게 얘기할지 상상해보면 된다.

이는 31장에서 말한 주제의 연장선에 있는데, 예비 신입사원뿐 아니라 예비 파트너에게도 적용할 수 있다. 그가 주변 사람들을 대하는 방식을 보면 어떤 부류의 사람인지를 알 수 있다. 따라서 누군가가 자신에 관해 말할 때는, 면접장이든 다른 어디에서든, 귀 기울여보자.

하나 더 덧붙이고 싶다. 면접관으로서 누군가를 면접하고 고용하는 건 미시간대학에서 34년을 몸담았던 나에게 매우 중요한 임무였기 때문이다. 책상 맞은편에서 진부한 질문을 던지는 대신, 내가 경험한 최고의 면접 기법이 있다. 패널 면접,* 역할극, 소규모 집단 토론, 행동 면접**과 격식을 갖춘 발표 등이다.

이런 형식으로 면접을 진행하면, 면접자는 좀 더 역동적이고 현실적인 시나리오를 그려야 하고, 우리는 그걸 보면서 면접자가 어떤 사람인지 더 깊이 알 수 있다. 면접자들이 어떻게 다른 이들과 소통하는지, 우리 조직과 문화—또는 우리가 추구하는 문화—에 들어맞을지를 알아볼 수 있다.

---

* 한 명이 여러 명의 면접관과 인터뷰하는 방식으로, 우리나라에서 주로 쓰이는 면접법이다.

** 특정 상황에 어떤 행동을 취했는지를 묻는 면접법이다.

34장

질문의 방향을 돌려라

면접을 얘기할 때, 테이블 맞은편에서 긴장한 채 앉아 있는 사람들의 입장을 빼놓을 수는 없다. 그리고 모두가 한번쯤은 그 입장에 놓인 적이 있을 것이다. 나는 면접자들이 몹시 초조해한다는 걸 잘 안다. 그간 취업 시장으로 뛰어든 사람들을 수없이 상담하면서, 나는 그들에게 항상 이렇게 말해왔다.

무엇보다도 과거의 경험을 묻는 면접관의 질문에 따라 자신이 어떤 사람인지를 말해야 할 때, 내가 이전 장에서 서술한 방법을 따라야 한다. 당신이 지금까지 재수 없는 상사만 만난, 저주받은 사람이라는 인상을 주면, 장담컨대 그 면접은 실패한 셈이다.

지금까지 자신에게 일어났던 나쁜 상황의 공통분모는 바로 자신이기 때문이다.

나쁜 경험에 자신의 책임은 없었는지 돌아보고, 이전 회사의 상사와 왜 사이가 좋지 않았는지 나름의 관점으로 바라볼 수 있다면—옛 상사가 정말로 재수 없는 인간일지라도—완전히 다른 인상을 줄 수 있다.

꼭 기억해야 할 두 번째는 어떤 면접에서든 면접자는 면접관이 자신만큼 말을 많이 하도록 유도해야 한다는 것이다. 맞다. 면접자는 질문의 방향을 틀어 면접관을 인터뷰해야 한다. 면접은 쌍방향으로 이뤄져야 한다. 면접관이 면접자가 그 직책에 적합한 사람인지를 알아내려 하는 것만큼이나 면접자는 이 직장이 자신의 시간과 재능을 최대한 활용할 수 있는 곳인지 알아내야 한다.

면접자는 다른 직장에도 취직할 수 있다. 게다가 어디를 가든, 주어진 일을 잘 해낼 것이다. 면접자는 면접을 보는 직장이 그런 가능성을 현실로 만들 수 있는 곳인지를 결정하는 것뿐이다. 오만하거나 잘난 척하라는 말이 아니다. 면접장에 들어설 때는 자만심을 문에다 걸어두고 들어가야 한다. 다만 머릿속에서는 '그들이 나를 고용하는 건 제일 잘하는 일이다'라는 점도 되새겨야 한다.

결국, 자신들을 위해 일해 달라고 면접자를 설득하는 것도 면접관의 임무다. 결정을 내리는 사람은 면접관만이 아니다. 어디에다 시간과 에너지를 쏟을지는 면접자인 당신이 결정해야 한다.

이런 태도로 면접을 본다면 고용될 확률도 높아진다. 이러한 마음가짐으로 면접관에게 질문한다면, 당신이 얼마나 통찰력 있고 자신이 일하고 싶은 회사를 알아보기 위해 얼마나 전념하는 사람인지를 모를 수가 없다. 그때부터 면접관은 당신을 회사의 일원으로 만들기 위해 설득할 것이고, 그렇게만 된다면 그 회사에 취직한 것이나 다름없다.

면접을 앞두고 생각해보라. 이런 사고방식을 연습하고, 훈련하고, 반복하라.

그다음 무슨 일이 일어나는지 지켜봐라.

35장

골프의 교훈

골프를 친다면 신이 당신의 영혼에 자비를 베풀기를.

골프를 치지 않는다면, 감사해하며 이 장을 건너뛰어도 좋다.

인정한다. 나는 골프라는 스포츠를 증오하며 자랐다. 증오는 계층과 인종을 뿌리 삼아 생겨났을 것이다. 일부는 골프에 완전히 무지했기 때문이었다. 골프에 관해서는 아무것도 몰랐고, 알고 싶지도 않았다. 아무튼 내 머릿속에서는 스포츠도 아니었으니까.

내가 아는 건 이랬다. 공은 티tee 위에 놓여 있고, 움직이지 않는다. 내게는 크게 휘둘러야 할 골프채 14개가 있다. 아무도 내 샷shot을 막거나 어떤 식으로든 방해하지 못한다. 사실, 그들은 내가 집중할 수 있게 숨죽이며 지켜보고 있다.

'이건 진정한 스포츠가 아니잖아. 고맙지만 사양할게.'

그래서 여자 골프팀의 코치가 어느 날 내 사무실을 찾아와 악전고투하고 있는 한 선수를 상담해 달라고 부탁할 때 몹시 난처했다.

나는 말했다. "코치님. 저는 골프는 아무것도 모릅니다. 선수로서 겪는 고충이나 최선을 다하는 태도에 관해서는 말해줄 수 있지만…."

나는 골프를 좋아하지 않는다거나, 스포츠라고 생각하지 않는다는 말 따위는 전혀 하지 않았다. 입 밖으로 꺼내지도 않았다.

그 코치는 자기 선수와 일반적인 격려 정도만 나눠도 좋다고 말했다. 내게는 면담을 준비할 시간이 며칠 남아 있었다. 그래도 미시간대학 대표 골프팀이니까 골프 선수와 대화를 나누려면, 골프를 좀 더 알아야 할 것 같았다.

그래서 골프채를 사서 골프연습장으로 향했다. 공이 가득 담긴 양동이 하나가 내 앞에 놓였고, 티도 세워졌다. 나는 골프채를 쥐고 공 옆에 서서 골프채 헤드의 방향을 잡았다. 골프채의 그립감과 티 위에 놓인 공의 위치가 적절해 보였다.

나는 생각했다. '내 근육량과 체격이면 공을 300야드(약 270m) 쯤은 날릴 수 있겠군.'

나는 골프채를 휘둘렀다. 공은 1루 라인 밖으로 떨어진 파울볼처럼 오른쪽으로 대략 100야드(약 90m) 정도 날았다.

공을 다시 티에 올렸다. '이번에는 좀 더 세게 쳐야지.'

이번에는 공이 100야드는커녕 50야드(45m)쯤 갔다.

'이건 말도 안 돼.'

온 힘을 다해 골프공을 몇 번 더 친 다음, 차를 타고 집으로 돌아왔다.

면담 일정은 변함이 없었기에, 서점에서 골프 책을 몇 권 사왔다. 꼼꼼하게 읽으면서, 내가 잘 알고 있는 스포츠와의 공통점을 찾으려 했다. 젊은 골프 선수가 내 사무실에 찾아왔을 때도 나는 여전히 골프에 관해서는 세상에서 가장 자격 없는 선생이었지만, 그럼에도 나만의 시스템을 개발했다.

여섯 개의 T.

속도Tempo와 타이밍Timing.

기술Technique과 훈련Training.

기질Temperament과 신뢰Trust.

그녀에게 말했다. "속도와 타이밍에 관해서는 이미 알 거야.

스윙할 때는 모든 게 조화를 이루어야 하지. 매끄럽고 편안하게. 스윙할 때는 머릿속에 그것만 생각하면 돼. 속도. 타이밍. 바로 그거야. 다른 건 없어."

그녀는 고개를 끄덕였다. 내 말을 잘 따라오고 있었다.

"기술과 훈련은 네 기술을 연마하는 거야. 계속해서 개선하는 거지." 이 대목은 내게 익숙한 분야였다. 100%의 시간과 100%의 노력을 쏟아붓는 것을 연습하고, 훈련하고, 반복해야 한다는 것과 끊임없이 개선해야 한다고 강조했다.

그녀는 나의 말을 한마디 한마디 새겨들었다.

"마지막은 기질과 신뢰야. 신체적인 면을 넘어 이건 정신적인 면이야. 네가 누구인지, 무엇을 하는지에 관한 자신감을 높이는 믿음 체계를 말하는 거야. 너는 스스로 골프를 잘 알고 있다고 믿어야 해. 자책하지 말고 자신감을 북돋는 거지. '완전히 빗나간 샷이 골프의 다른 이름이다'라고 말한 벤 호건Ben Hogan*처럼 말이야. 아니면 멘탈 게임의 대가인 타이거 우즈Tiger Woods처럼. 하나의 샷이 다음 샷에 영향을 미치면 안 돼. 보기든, 버디든, 이글이든 그건 중요치 않아. 그들은 잘못 친 샷은 바로 잊고, 다음 샷으로 넘어갔어."

---

*   미국의 프로 골프 선수로, 스윙 이론과 공을 치는 능력에 지대한 영향을 미친 것으로 유명하다.

그녀에게 조금이라도 도움이 되었길 바라며 헤어졌다. 그리고 다음에 만났을 때, 그녀는 팀에서 2위로 올라 있었다. '그저 타이밍이 좋았겠지'라고 생각하던 차에, 이제 코치는 주장과의 상담을 요청했다.

나는 주장과 6T(속도와 타이밍, 기술과 훈련, 기질과 신뢰)를 중심으로 다시 얘기를 나눴다. 내게는 이제 다른 선수들을 압도하는 두 명의 골퍼가 생겼다.

불현듯 생각이 났다. '정작 나는 골프에 이렇게 접근하지 않았구나.' 나는 골프연습장에서 내가 원하는 방향으로 어디든지 공을 칠 수 있다고 자만했다. 그러다 좌절했고, 그런 식으로는 효과가 없음을 깨닫자마자 그만두었다.

나 자신과 약속했다. 골프에 겨우 2주 정도를 투자하고 잘하기를 기대하지 말고, 내가 미시간대학 골퍼들에게 알려주었던 원칙을 적용해 2년은 투자해보겠다고. 나는 자만심을 버리고, 처참하게 실패할 준비를 했다. 완벽이 불가능한 게임에서 완벽을 추구하는 과정을 즐겼다(21장 참조). 더 중요한 점은 나 자신을 인내심 있게 바라보고, 자신을 비웃을 수도 있으며, 골프를 어느 정도 이해했다는 생각이 들 때까지 2년의 연습 기간이 필요하다는 사실을 받아들이겠다고 신중하고 의도적으로 결심했다는 것이다.

그후로 어떻게 됐을지는 짐작할 것이다. 1년도 채 되기 전에 나는 골프에 푹 빠져버렸다.

이후로 나는 한 젊은 여성과 골프를 칠 기회가 있었다. 그녀
는 골프뿐 아니라 모든 스포츠를 통틀어 내 눈을 번쩍 뜨이게 했
는데, 그녀와의 만남은 내가 골프를 계속 배운 계기가 되었다.
그녀는 키가 158cm에 몸무게는 아마 50kg 정도 되어 보였다.
'내가 더 강할 거야'라는 생각이 떠오르기가 무섭게 그녀는 나보다
30야드(27m)나 40야드(36m)쯤 멀리 쳤다.

그녀의 스윙은 내 스윙과 전혀 달랐다. 우아하고 매끄러웠
다. 근육의 힘과는 아무런 상관이 없었다. 그렇다. 속도와 타이밍
이었다. 나는 여전히 내가 만든 교훈을 익히려 애쓰고 있었다.

그 후로 지금까지 수년간 골프를 치고 있지만, 기준타 수준
근처에도 이르지 못했다. 하지만 괜찮다. 골프는 나 자신에 관해
많은 점을 깨닫게 해주었고, 내가 젊은 운동선수들에게 전하려
한 메시지를 돌아보게 했다.

쿠퍼 매러디(17장 참조)처럼, 나 역시 나만의 사고방식에서 벗
어나는 법을 배워야 했다. 이러한 태도를 요구하는 게임이 있다
면, 바로 골프였다. 나는 나쁜 샷을 친 후에 자책하지 않는 법을
배워야 했다. 내가 실패할 걱정을 멈출 때부터 골프공이 제대로
날아갔기 때문이다. 마지막으로 어쩌면 가장 어려운 교훈을 배워

야 했다. 골프는 단지 스포츠에 불과할 뿐이며, 그래서 즐겨야 한다는 것이다.

내가 경험한 모든 스포츠 중에서, 골프가 인생을 은유적으로 가장 잘 보여주는 종목이 아닐까 싶다. 골프는 모든 스포츠 중에서 정신적으로 가장 힘든 종목이다. 우리는 골프를 하면서 자신을 훈련하고, 자신을 대하는 방식을 개선하며, 그간 드러나지 않았던 모든 약점을 마주한다. 우리가 최고의 모습이 되는 데 몰두하지 않으면, 골프라는 스포츠는 항상 동지가 아닌 적이 된다. 게다가 그다지 재미도 없을 것이다.

36장

반드시 기억해야 할 일곱 가지 원칙

어느 심리학 교과서에서 읽은 적이 있는데, 인간의 단기 기억은 일곱 가지 정보를 충분히 기억할 수 있다고 한다. 그래서 이 책이 끝나가는 시점에, 당신이 기억해야 할 일곱 가지를 제시하려 한다.

자신에 관한 세계 최고의 전문가가 되어라. 그렇게 최고 수준의 자신에 도달하라.

통제 가능한 것을 통제하라. 자기 마음과 생각, 궁극적으로 자기감정을 통제할 사람은 오직 자신뿐임을 절대 잊지 마라.

연습하고, 훈련하고, 반복하라. 100%의 시간과 100%의 노력을 쏟아라. 이 태도가 습관이 되면 가장 실패한 날의 성취가 보통 사람에게 찾아온 최고의 성취보다 더 클 것이다.

집중하고, 개선하고, 유지하라. 지금 당장 삶을 개선하는 데 전념하라. 한번에 하나씩 개선하고, 그것을 매일 꾸준히 유지하라.

두려움을 두려워하지 마라. 두려움과 자기 의심이라는 악마는 예측 가능하기에 감당할 수도 있다. 두려움은 인간의 일부이고, 용기는 두려움이 없는 상태가 아니다. 용기란 두려움을 마주하는 것이다.

자기애와 자기 수용을 연습하라. 자기애와 자기 수용은 자기 패배적 태도와 행동을 자기 지지적 태도와 행동으로 바꾸는 핵심 요소다.

자신에게 인생 최고의 친구가 되어라. 자신에게 가장 좋은 친구는 바로 자신이어야 한다.

증언

스티브 해밀턴Steve Hamilton

스티브 해밀턴은 에드거상을 두 차례나 받은 〈뉴욕타임스〉 선정 베스트셀러 작가로, '알렉스 맥나이트' 시리즈와 '닉 메이슨' 시리즈, 《록 아티스트*The Lock Artist*》를 펴냈다. 그의 책은 〈뉴욕타임스〉가 선정한 '올해 주목할 책'에 두 번이나 올랐으며, 샤머스 Shamus상, 배리Barry상, 앤서니Anthony상, 대실 해밋Dashiell Hammett상, 미국도서관협회 알렉스상, 추리작가협회CWA 골드대거상, 이언 플레밍Ian Fleming 스틸대거상을 포함해 출판업계의 거의 모든 상을 받거나 후보로 올랐다. 미시간대학을 졸업한 스티브는 대학에서 명예로운 호프우드 글쓰기상Hopwood Award for Writing도 받았다.

"미국 최고의 의자"

이 책을 쓰고 있는 그레그 하든을 도우면서, 나는 사실 그의 사무실에 있는 손님용 의자 사진을 책에 넣으면 좋겠다고 생각했다. 이상하게 들릴 수도 있지만 한번 생각해보라. 그가 30년 넘게 학교에 머무는 동안, 미시간대학을 다닌 학생 선수들은 모두 그 의자에 앉아 그와 얘기를 나눴다.

독자들이 이 책을 끝까지 읽었다면, 가장 위대한 쿼터백인 톰 브래디도 그 의자에 앉았다는 사실을 기억할 것이다. 하이즈먼 트로피를 받고 NFL에서 11시즌을 뛴 데즈먼드 하워드도 말이다. 하이즈먼 트로피를 받고 NFL에서 18시즌을 뛰었으며, NFL 역사상 최고의 디펜시브 백으로서 명예의 전당에 올라갈 헌액식을 기다리는 찰스 우드슨도. 게다가 미시간대학을 떠나 NFL로 진출한, 적어도 350명의 다른 선수—그들 중 50명은 1차 지명에서 선발되었다—도 그 의자에 앉은 적이 있다.

농구 선수 중에는 팀 하더웨이 주니어Tim Hardaway Jr.와 네이스미스상 수상자인 트레이 버크Trey Burke를 포함해 NBA에 진출한 선수가 최소한 50명이 있다. 아이스하키 선수 중에는 호비 베이커상 수상자인 브렌던 모리슨Brendan Morrison과 케빈 포터Kevin Porter를 포함해 NHL에 진출한 선수가 80명 정도 있고, 메이저리그에 진출한 야구 선수는 20명이다. 올림픽에서 미국과 다른 20여 개국을 대표한 스포츠 선수는 120명이 넘는다. 여기에는 올림픽 역대 가장 많은 메달을 땄고, 금메달을 무려 23개나 받은 마이클 펠프스도 포함된다.

그들은 모두 그 의자에 앉을 기회가 있었다.

이외에도 그 의자에 앉았던 수많은 학생도 마찬가지다. 우리가 이름을 잘 모르는 수천 명의 학생도 교사, 카운슬러, 변호사, 의사와 사업가가 되었다. 그리고 바로 이들의 삶이 그레그 하든의 업적을 진정으로 평가할 척도다. 그레그와 시간을 보내며 그의 메시지에 귀 기울인 모든 이에게 그가 미친 영향을 여실히 보여준다.

나도 그의 오랜 경력을 증명하는 사진과 기념품에 둘러싸인 채 그 의자에 앉아 그레그 하든과 몇 시간이고 이야기를 나누었다. 나의 삶에서 가장 영광스러운 순간이었다. 무엇보다 '경청'이 잃어버린 덕목이 된 시대에 그는 상대의 말을 진심으로 들어주었다. 누구든 그 의자에 앉는다면, 그의 관심이 오로지 자신에게 기울어져 있음을 느낄 수 있다. 문이 닫히면 바깥세상에서 우리를 기다리는 모든 것이 잊혀지고, 시간은 훌쩍 지나간다.

그레그는 내가 헤아릴 수 없을 만큼 다양한 측면에서 내 삶을 바꿔놓았다. 특히 부정적인 자기 대화를 인식하고 재프로그래밍하는 것, 자기애와 자기 수용을 연습하는 것, 자기 패배적 태도와 행동을 자기 지지적 태도와 행동으로 바꾸는 것으로 내 삶은 완전히 변했다.

다른 무엇보다, **통제 가능한 것을 통제해야 한다**는 인식이 내가 익힌 가장 중요한 교훈이다. 내 앞에 놓인 상황에서 내가 바꿀 수 있는 것에만 집중하고, 통제할 수 없고 앞으로도 할 수 없을 것은 놓아버리라는 가르침이다. 세상이 엉망으로 돌아가고 있는 지금, 이 교훈은 내가 정신을 똑바로 차리고 살아갈 수 있도록 얼마나 많은 도움을 줬는지 모른다.

나는 남은 삶을 살면서도 계속 이 책에서 새롭고 가치 있는 교훈을 배워갈 것이다. 독자들도 그러기를 바란다.

(그레그, 의자에 앉게 해줘서 고마워요!)

37장

도전

나는 상담할 때마다 처음에는 내 목소리가 그들의 머릿속에서 맴돌게 같은 말을 반복하는 습관이 있다. 그런데 어느 시점이 지나면 방식을 바꾸어야 한다. 결국에는 머릿속에서 같은 메시지를 자신만의 방식으로 표현하는 자신의 목소리가 들려야만 한다.

이 책에서 내가 말한 어떤 것도 나만의 것은 아니다. 이들 메시지는 모두 보편적인 진리에 가깝다. 나는 사람들이 새로운 방식으로 이들 메시지를 받아들이도록 도운 것뿐이다.

무엇보다 나는 당신이 항상 자신을 믿기를 바란다. 하지만 그것만으로는 충분하지 않다. 나는 지금 당신에게 더 많은 것을 원한다. 이 나라, 이 문화, 이 세상에는 새로운 종류의 리더십이 절실하다. 지금 세상은 서로를 파괴하지 않고, 북돋워주려는 사람들이 필요하다. 사람들을 분열하는 대신 하나로 단결하려는 사람 말이다. 긍정적인 방향에서 서로에게 관심을 쏟으며 믿어주는 사람, 크게 꿈꾸고, 굳게 신뢰하고, 서로를 도울 줄 아는 사람이 필요하다.

나는 당신이 긍정적인 변화를 이끌어낼 수 있는 사람이라고 생각한다. 나는 안다. 다만 이전에는 그럴 필요가 없었다고 해도, 이제는 절실하다. 그러니 나를 도와줬으면 한다. 입을 다문 채 가만히 앉아 주변 세계를 분석하지만 말고, 세상을 더 나은 방향으로 바꿀 수 있게 돕기를 바란다. 바로 지금부터.

거창한 꿈이라는 걸 나도 안다. 하지만 꿈을 공유하면, 곧 꿈은 그 자체로 멈춰 있지 못한다. 당신이 자신뿐만 아니라 그 꿈을 믿고, 매일 자기 행동이 자기 신념과 일치하는지 살폈으면 한다. 그리고 내가 이 메시지들을 퍼뜨릴 수 있게 도와달라.

메시지를 전하고

메시지를 가르치고

메시지대로 살아라.

매일.

마지막으로 삶의 교훈을 당신과 나눌 수 있는
영광과 특권이 내게 주어져 고마울 뿐이다.

감사의 글

이 책을 하워드 브랩슨Howard Brabson에게 바친다. 그는 내 결함과 모순을 알고도 덮어주었고, 내가 되고 싶다고 말했던 사람이 될 수 있게 용기를 주었다. 그는 내 멘토가 되어, 내 자기 인식과 사회적 인식의 수준을 밀어붙이고 끌어당겨, 모든 일이 원활히 돌아갈 수 있게 도와주었다.

내가 다른 이들을 돌보는 만큼 나를 살피고 돌볼 사람이 필요하다며 그 일을 자처한 아내 셀리아 M. 하든에게도 이 책을 바친다. 그녀는 내가 새로운 모험에 뛰어들고 생각을 펼치도록 영향과 영감을 주었다.

마지막으로 나의 부모님, 사이러스 E. 하든과 캐스린 M. 하든에게 무한하고 무조건적인 사랑을 이 책과 함께 바친다. 두 분은 (내가 깨닫지 못했을 때도) 항상 천사였다. 거대한 모험을 헤쳐나가는 동안 나를 이끌고 보호해준 분들, 부모와 멘토와 보호자의 역할을 해준 모든 분에게 이 책을 바친다. 내 사랑과 존경, 경외의 마음을 말로 다 표현할 수 없을 정도로 고맙다.

나와 면담하면서 이 책에 담긴 진실한 이야기를 전할 수 있게 허락해준 모든 분에게도 고마움을 전한다.

뛰어난 재능을 지닌 스티브 해밀턴에게도 고맙다고 말하고 싶다. 그는 작가가 어떻게 보여야 하고, 어떻게 생각하고, 무엇을 견뎌야 하는지 그 역할을 이해하도록 도와주었다. 그는 내 옆에서 나를 가르치며 함께 이 도전을 헤쳐나갔다. 그는 내 롤모델이자 영웅이며, 진정한 친구이자 파트너다.

마지막으로 쇼비즈니스를 비롯한 여러 분야에서 일하는 셰인 살레르노에게도 감사한 마음을 전한다. 나를 향한 그의 믿음과 자신감은 항상 흔들림이 없었다. 그는 내가 해왔던 일을 정리한 책을 시리즈로 내야 한다고 설득했다. 그의 리더십과 끈기는 많은 영감을 주었다. 내가 진로를 벗어나지 않고, 앞에 놓인 모든 장애물을 파괴하고, 나 자신을 바로잡을 용기를 낼 수 있게 도와준 그의 헌신을 항상 기억할 것이다.

멘탈의 공식

—

1판 1쇄 발행 2024년 6월 3일
1판 2쇄 발행 2024년 6월 20일

—

지은이 그레그 하든
옮긴이 허선영

—

펴낸이 김동식
펴낸곳 반니
주소 서울시 강남구 영동대로 502
전화 02-6004-9304
전자우편 banni@interparkshop.com
출판등록 제2024-000108호

—

ISBN 979-11-6796-170-9 03190

—